Gran libro de matemáticas Montessori

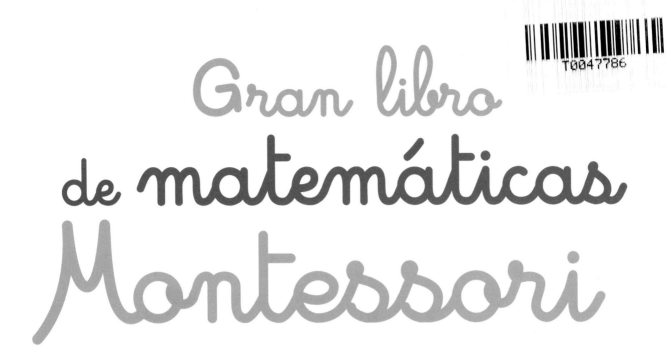

Actividades creadas por Delphine Urvoy,
maestra de primaria

LAROUSSE

Créditos fotográfi cos:

Fotolia.com ©: a7880ss; Absemetov; Albachiaraa; Alexander Potapov; aliaksei_7799; anitnov; Anna Kucherova; barberry; beinluck; benchart; blueringmedia; brgfx; Dashikka; DEmax; denis08131; djvstock; doyata; elartico; epifantsev; Eric Isselée; fireflamenco; georgerod; Gluiki; grey_ant; grimgram; Gstudio Group; Handies Peak; ianakauri; igor Zakowski; Ivan mogilevchik; Jemastock; JLO_FOTO; kolopach; kontur-vid; ksenyasavva; laudiseno; lembergvector; leopride; lightgirl; Luckystep; M.studio; macrovector; makc76; marylia17; matiasdelcarmine; mejn; MicroOne; milyova; mochipet; moryachok; mstay; musri; myosotisrock; mything; nataleana; natasha_chetkova; nicolarenna; npaveln; oleg525; Olesya; orensila; owattaphotos; pandavector; pico; puaypuayzaa; raven; R-DESIGN; rea_molko; rhoeo; robu_s; Seamartini Graphics; Serj Siz`kov; ssstocker; stmool; Stockerteam; studioworkstock; Sunny_nsk; th3fisa; topvectorel; vectorikart; Vectorvstocker; viktorijareut: viyadafotolia; yavi; ylivdesign; yohei; Yury Velikanov; yusak_p; zaie

EDICIÓN ORIGINAL
Dirección de la publicación: Carine Girac-Marinier
Dirección editorial: Claude Nimmo
Dirección editorial adjunta: Julie Pelpel-Moulian
Edición: Léa Combasteix
Dirección artística: Uli Meindl
Realización gráfica: CB Defretin

EDICIÓN PARA MÉXICO
Dirección editorial: Tomás García Cerezo
Gerencia editorial: Jorge Ramírez Chávez
Traducción: Jordi Trilla
Adaptación: Diego Cruz Hernández
Adaptación de portada: Nice Montaño Kunze
Coordinación de salida y preprensa: Jesús Salas Pérez

D.R. © MMXXI Ediciones Larousse, S.A. de C.V.
Renacimiento 180, Col. San Juan Tlihuaca,
Azcapotzalco, México, 02400, Ciudad de México

Primera edición - Primera reimpresión

ISBN: 978-607-21-2469-1

Impreso en México — *Printed in Mexico*

En Hachette Livre México usamos
materias primas de procedencia
100% sustentable

Prólogo

Maria Montessori estaba convencida de que los niños tienen una «mente matemática», una capacidad para organizar, clasificar, formar series y cuantificar sus experiencias. Desde su más tierna infancia, poseen un abanico de percepciones matemáticas adquiridas durante su vida cotidiana. Así pues, este cuaderno se propone desarrollar y afinar dichas percepciones a través de distintas actividades.

El libro les ofrece, a lo largo de sus páginas, un **recorrido sensorial,** sobre todo gracias al material recortable o para crear. Este material para manipular, que se presenta en la parte final del cuaderno, les permitirá vivir de manera palpable los nuevos conceptos y preparar de un modo eficaz su mente hacia la abstracción. Algunos elementos pueden utilizarse varias veces, en distintos momentos y para diferentes finalidades.

Estructurar el pensamiento

La primera parte del cuaderno es una inmersión en la vida sensorial. Encontrarás actividades acerca de los colores, las formas, las dimensiones y los contrastes, con ejercicios para emparejar, clasificar y orientar, así como gradaciones, con los que tu hijo afinará su capacidad de discriminación visual y desarrollará su mente lógica. De este modo, pondrá en práctica sus sentidos mediante la observación, la manipulación, la reflexión, el juicio y la deducción, lo que le permitirá, entre otras cosas, construir su representación del mundo.

Números y cálculos

Material

Tras desarrollar su mente lógica, los niños están listos para abordar la segunda parte del cuaderno, dedicada a los números y el cálculo. La pedagogía Montessori propone una progresión pensada y rigurosa que se basa en un **material simple y eficaz** con un objetivo claro y una dificultad a la vez.

Así, mientras va descubriendo, tu hijo empezará con las barras numéricas para seguir con las cifras rugosas y sus asociaciones con las cantidades. A continuación, vendrán los husos, las fichas y las perlas de colores, que cederán el paso a las tablas de Seguin, el sistema decimal y las perlas doradas, así como la tabla de sumas con regletas.

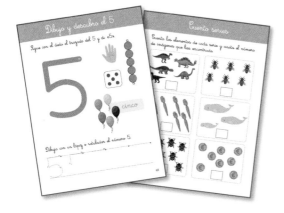

Para un mejor acompañamiento, encontrarás explicaciones que te permitirán familiarizarte con el material y abordar su presentación. Recomendamos que recortes el material de cartulina con antelación para que lo tengas todo listo para mostrárselo a tu hijo.

Paralelamente a las actividades del cuaderno, no dejes de mostrarle las cifras y los números a través de canciones y juegos para aplicar a su vida diaria, o mediante una tabla de números, que resulta un soporte estimulante y adecuado en su conquista de las matemáticas.

Lección en tres etapas

Además del material que tu hijo tiene a su disposición y, para facilitar el aprendizaje del nuevo vocabulario que le vas a mostrar, aconsejamos que apliques la lección en tres etapas.

La lección en tres etapas es ante todo una transmisión en la que la calidad de la relación y la interacción entre tu hijo y tú resulta determinante. Se desarrolla durante varios días y se concentra sólo en tres nuevos elementos (cuatro como máximo). Este método tiene el objetivo de no sobrecargar la memoria del niño y mantener su atención, y se basa en las siguientes etapas:

- **Conocimiento:** «Es...». El adulto nombra el objeto o el concepto para introducirlo y pide a continuación a su hijo que lo repita. El adulto asocia el nuevo vocabulario y el objeto con exactitud, usando las palabras adecuadas.

- **Reconocimiento:** «Muéstrame...». Es la etapa que dura más y requiere más paciencia y repeticiones. El adulto pide a su hijo que le muestre el objeto en cuestión, lo que permite repasar el vocabulario y reforzar su adquisición y memorización.

- **Comprobación:** «¿Qué es?». El adulto pide a su hijo que nombre el objeto y lo muestre. Así, se comprueba la perfecta asimilación del vocabulario, condición indispensable para que el niño pueda aplicar el vocabulario en otro contexto.

Para Maria Montessori, el adulto es un educador en el sentido etimológico de la palabra, que, con paciencia y benevolencia, guía a su hijo para favorecer su desarrollo personal proponiéndole experiencias ricas y reveladoras, porque «los niños no son un jarrón que se llena, sino una fuente que mana».

CONTENIDO

Estructurar el pensamiento: Seleccionar, clasificar, asociar y ordenar

Para construir una representación clara y precisa del mundo que los rodea, los niños necesitan clasificar, ordenar, distinguir y categorizar según diferentes criterios.

Las actividades de esta primera parte, entre otras cosas, les permiten desarrollar y afinar su capacidad de discriminación visual por medio de actividades relacionadas con los colores, las formas, las dimensiones y los contrastes.

Recorta las formas de la página 131. Obsérvalas bien y pega al lado de cada forma su doble.

Sombras

Observa cada forma y relaciónala con su sombra.

Recorta las tarjetas de la página 131 y pégalas junto al color adecuado para formar parejas.

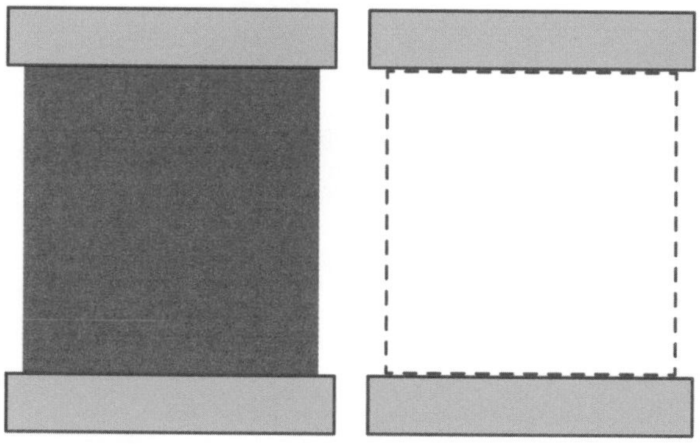

rojo

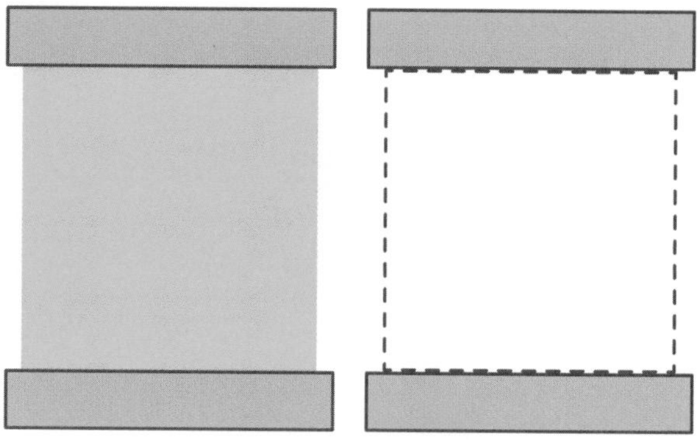

amarillo

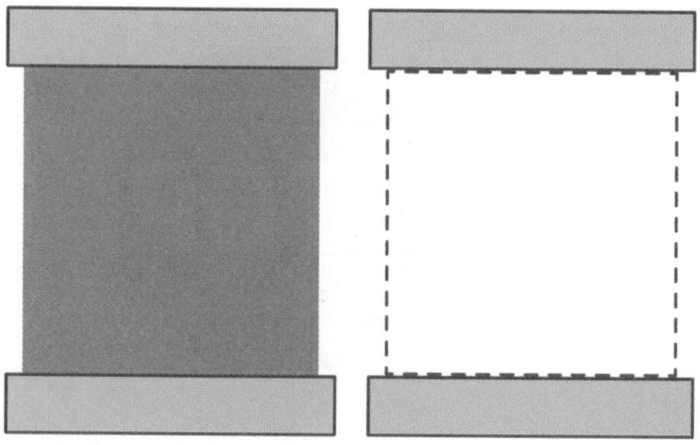

azul

Muestra el cuadrado rojo, el amarillo y el azul.

¿Puedes buscar un objeto azul?

¿Y uno rojo? ¿Y uno amarillo?

Clasifico por formas

Recorta las formas geométricas que encontrarás al final del cuaderno. Clasifícalas a medida que las vayas colocando sobre la forma que les corresponde: círculo, triángulo o cuadrado.

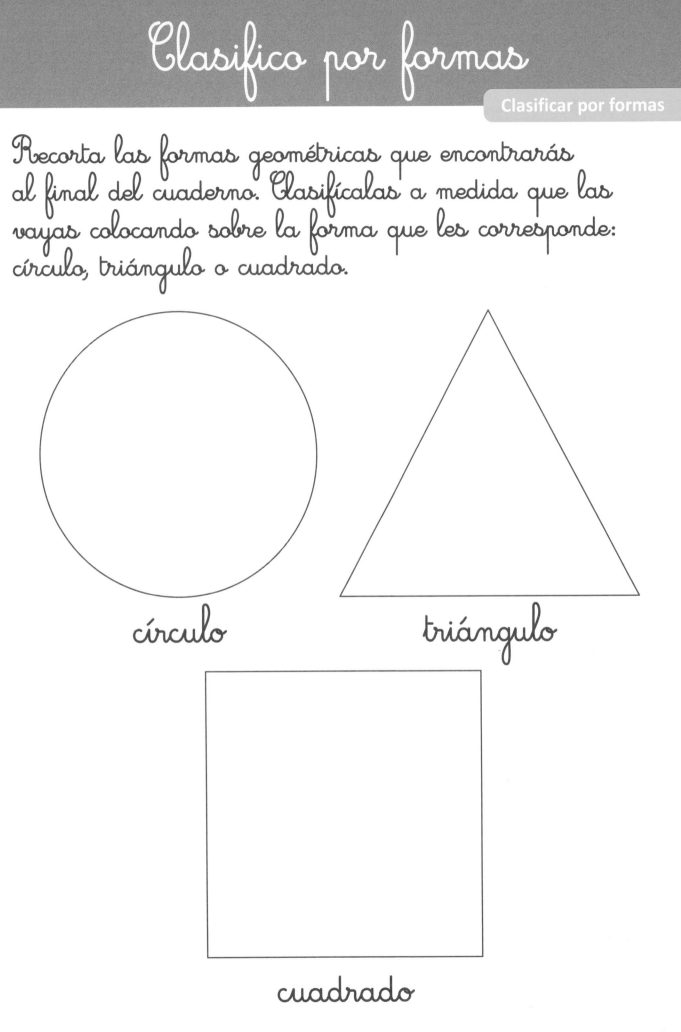

círculo

triángulo

cuadrado

Asociaciones

Cada herramienta de la columna de la izquierda se utiliza con un objeto de la columna de la derecha. Relaciona cada pareja de objetos inseparables.

Toma las formas geométricas. Separa los cuadrados y clasifícalos en función de su color colocándolos en la página.

Recorta los cuadrados de la página 131 y pégalos junto al color adecuado para formar parejas.

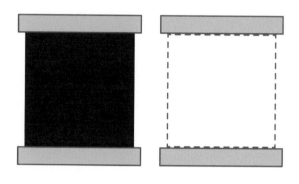

negro

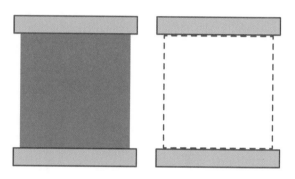

verde

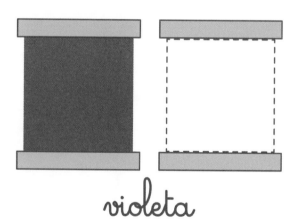

violeta

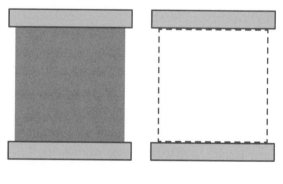

naranja

¿Puedes buscar un objeto rosa, uno negro, uno naranja, uno blanco, uno verde, uno gris, uno violeta y uno café?

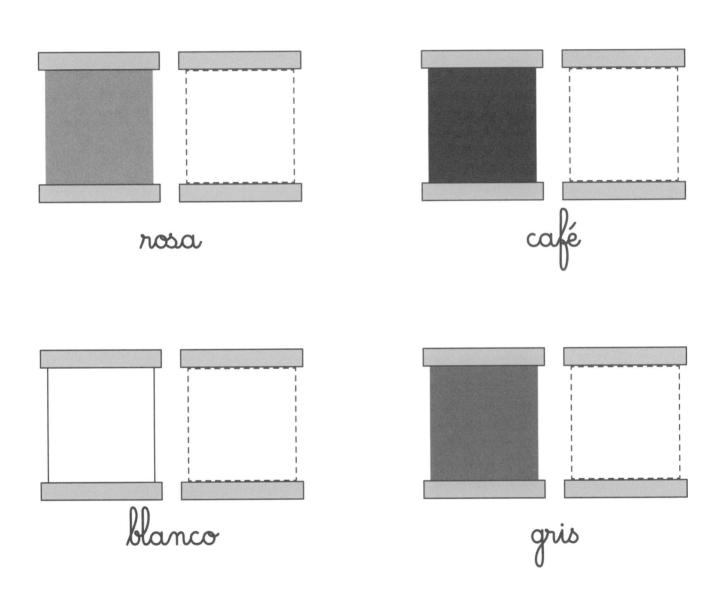

rosa

café

blanco

gris

A continuación, muestra el cuadrado naranja, el verde, el rosa, el blanco, el gris, el violeta, el negro y el café.

La forma de los objetos

Colorea los objetos en función de su forma:
rojo para los círculos, amarillo para los triángulos
y azul para los cuadrados.

Objetos ligeros o pesados

Rodea con azul los objetos que son ligeros y con rojo los que son pesados.

Recorta las etiquetas de la página 133, clasifícalas y pégalas por familias de colores.

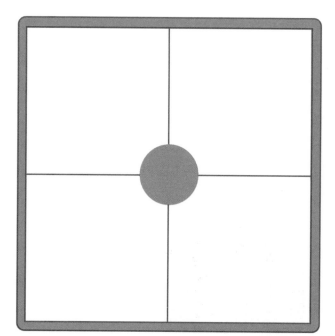

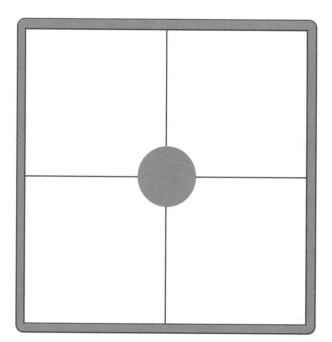

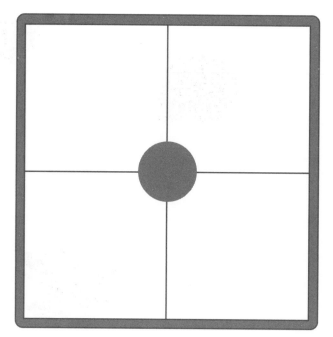

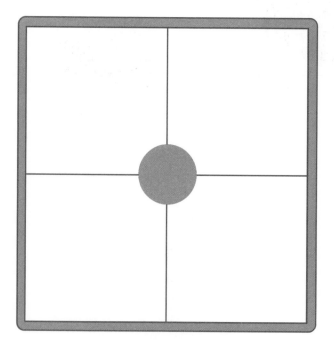

¿Puedes nombrar cada imagen?

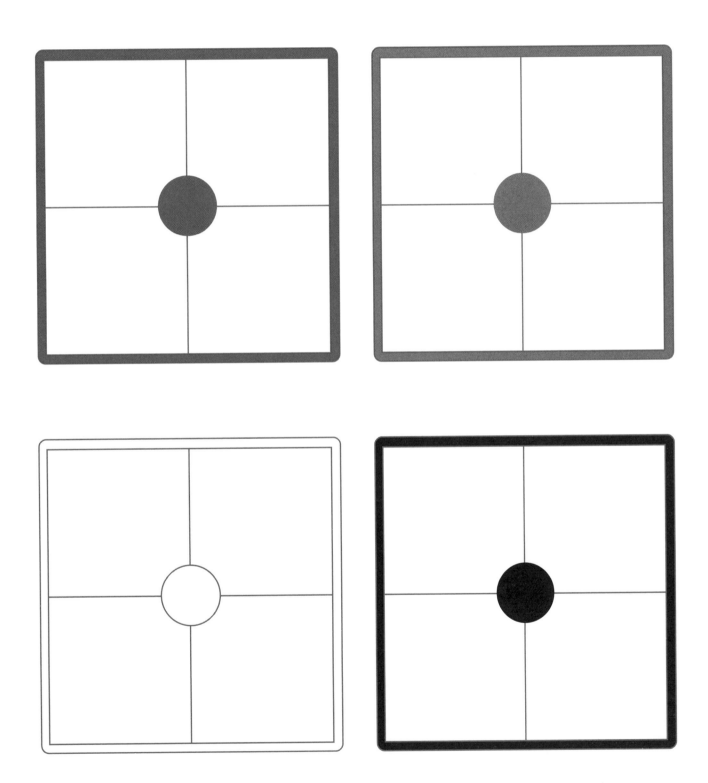

Dibuja cada forma geométrica siguiendo la línea punteada.

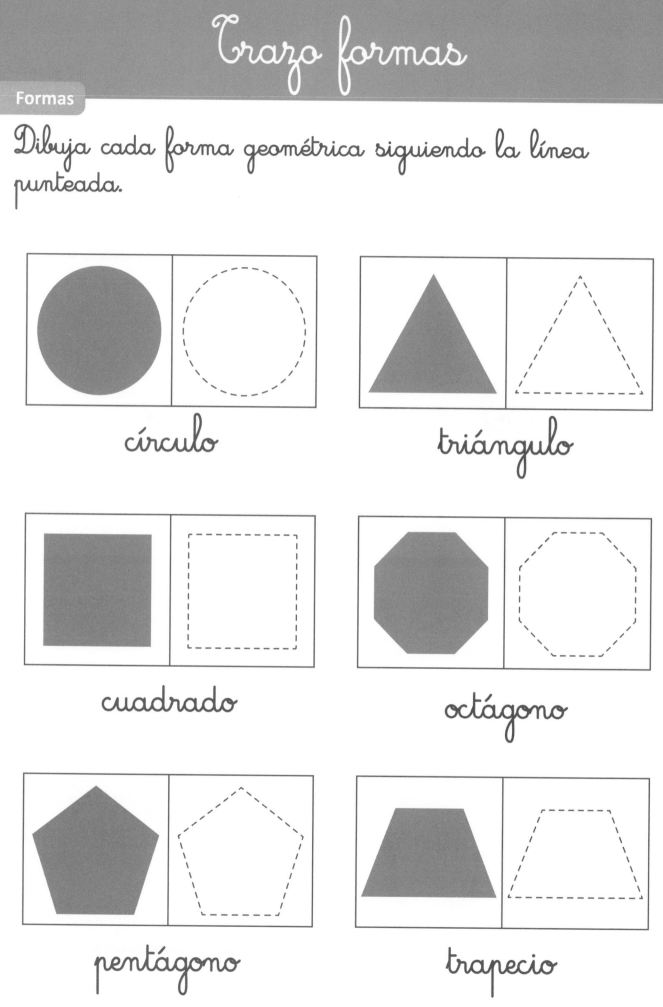

círculo

triángulo

cuadrado

octágono

pentágono

trapecio

¿Puedes nombrar cada una de estas formas?

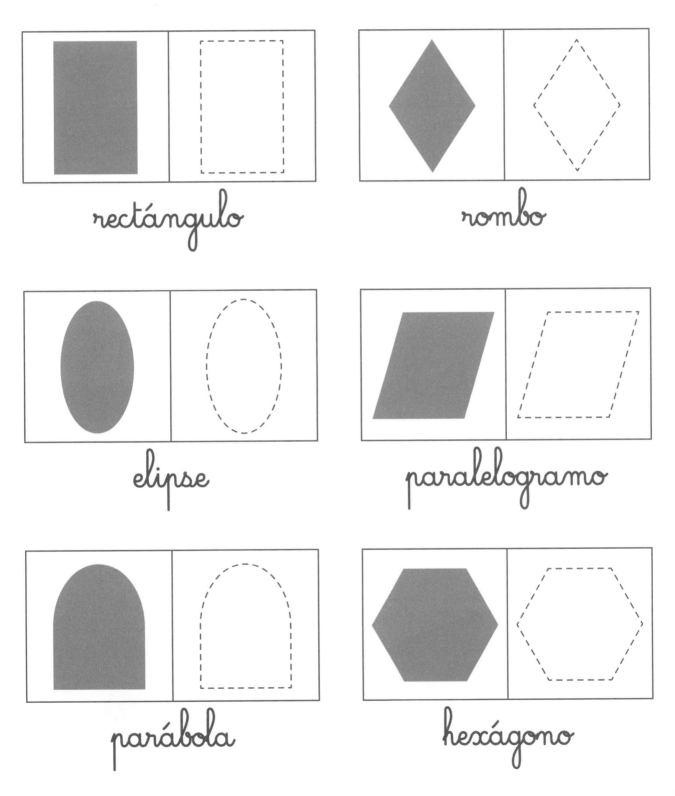

rectángulo

rombo

elipse

paralelogramo

parábola

hexágono

Sudoku de colores

Colorea las casillas de este sudoku de modo que cada columna, cada línea y cada cuadrado gris contenga los 4 colores.

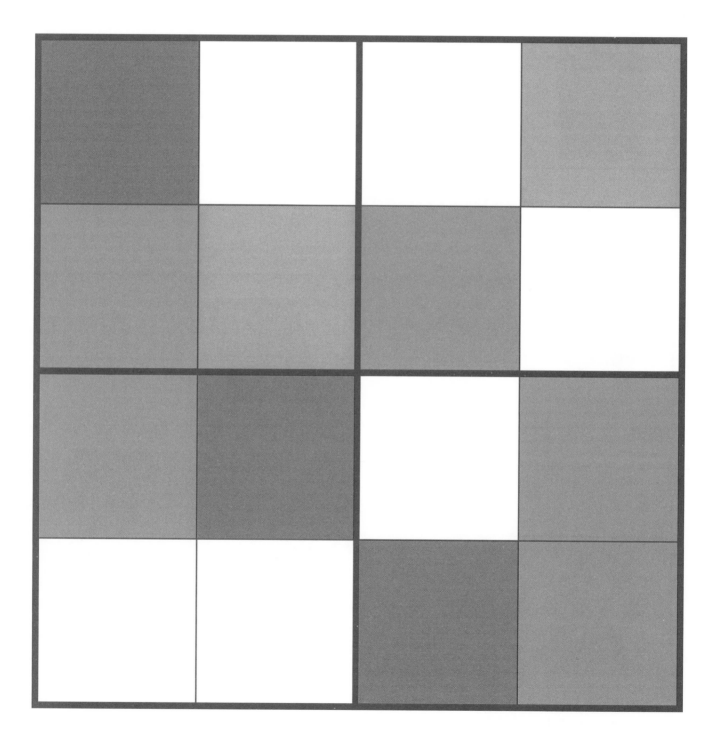

Contrarios

Relaciona cada imagen con su contrario.

lleno

caliente

limpio

encendido

abierto

apagado

vacío

frío

cerrado

sucio

Dibuja el lado derecho de cada una de las formas geométricas siguiendo la línea punteada y coloréalo.

Frutas enteras, frutas cortadas

Recorta las imágenes de la página 135 y encuentra a qué fruta pertenece cada mitad.

Clasificar y orientar

Recorta los cuadrados rosa que encontrarás al final del cuaderno y colócalos de mayor a menor, como en este modelo.

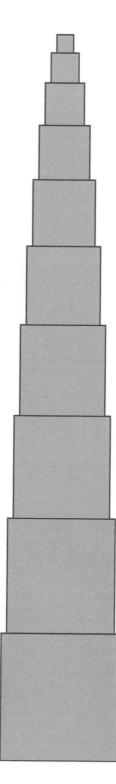

Torre rosa alineada

Coloca los cuadrados rosa de mayor a menor alineándolos ahora por la derecha.

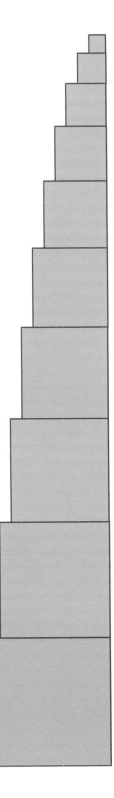

Coloca ahora los cuadrados rosa de mayor a menor como en este modelo.

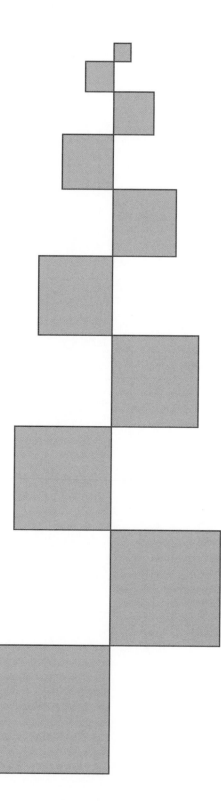

Forma una elipse colocando los cuadrados rosa de menor a mayor siguiendo este modelo.

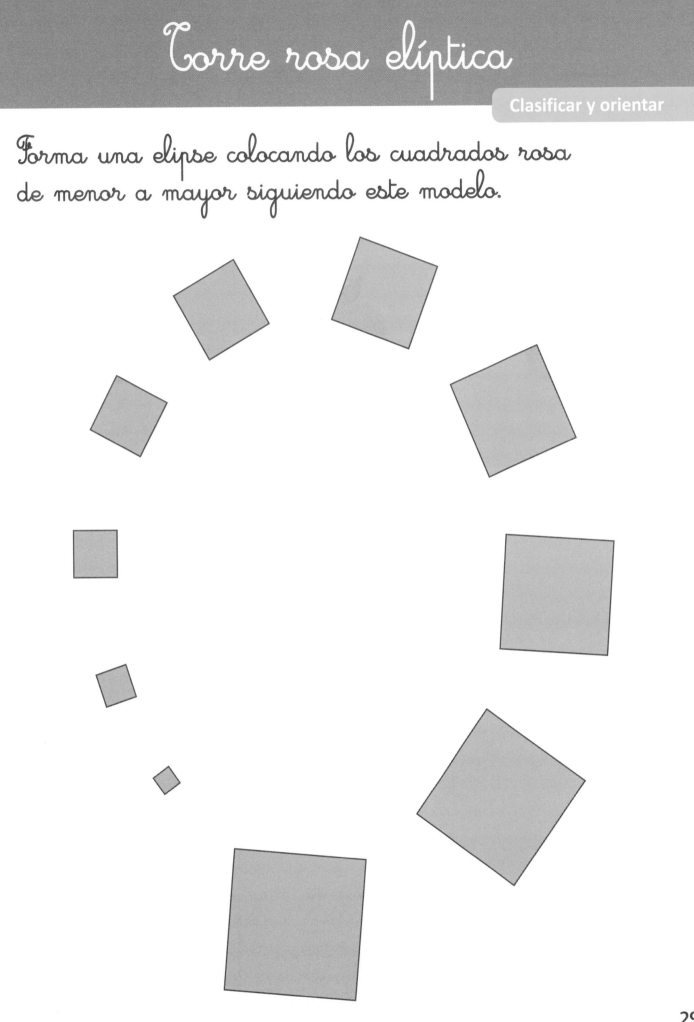

Pequeño, mediano, grande

Toma las formas geométricas y clasifícalas según su tamaño: pequeño, mediano o grande.

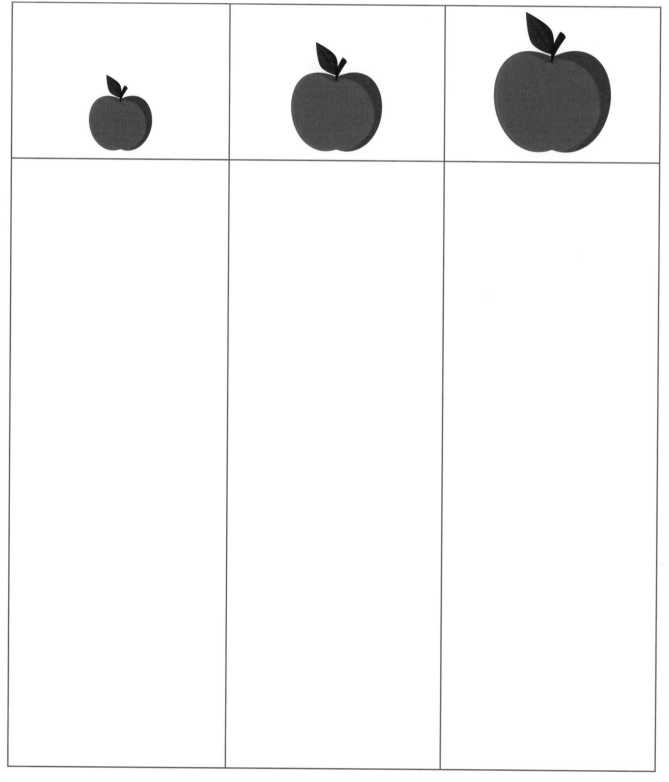

Rodea con amarillo los animales y con verde los vegetales.

Barras rojas

Recorta las barras rojas que encontrarás al final del cuaderno y colócalas de menor a mayor siguiendo este modelo.

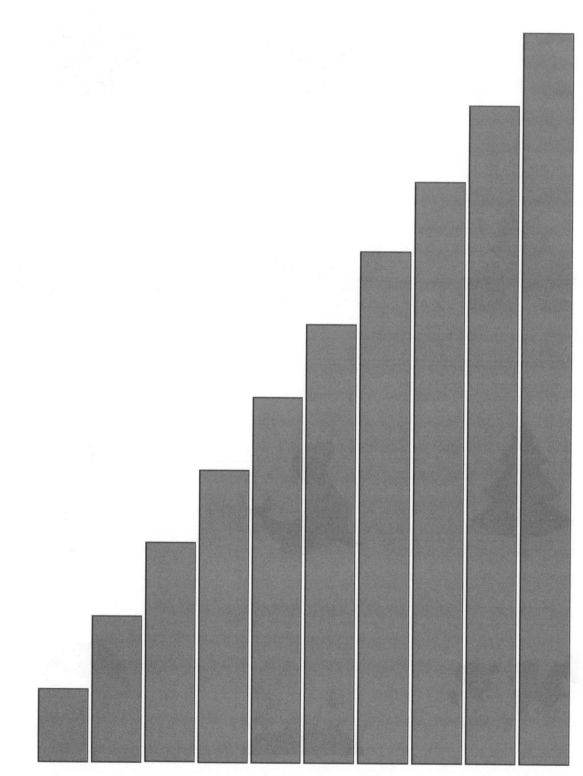

Toma las formas geométricas. Separa los círculos, los cuadrados y los triángulos y ordénalos de mayor a menor.

Recorta los tubos de pintura de la página 135 y pégalos en el recuadro inferior del más claro al más oscuro.

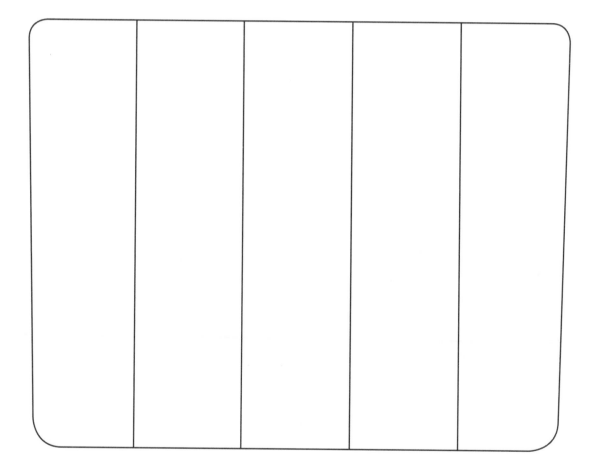

¿Pelos, plumas o escamas? Relaciona cada animal con lo que cubre su cuerpo.

Barras rojas en pirámide

Toma las barras rojas y colócalas de mayor a menor centrándolas como en el modelo.

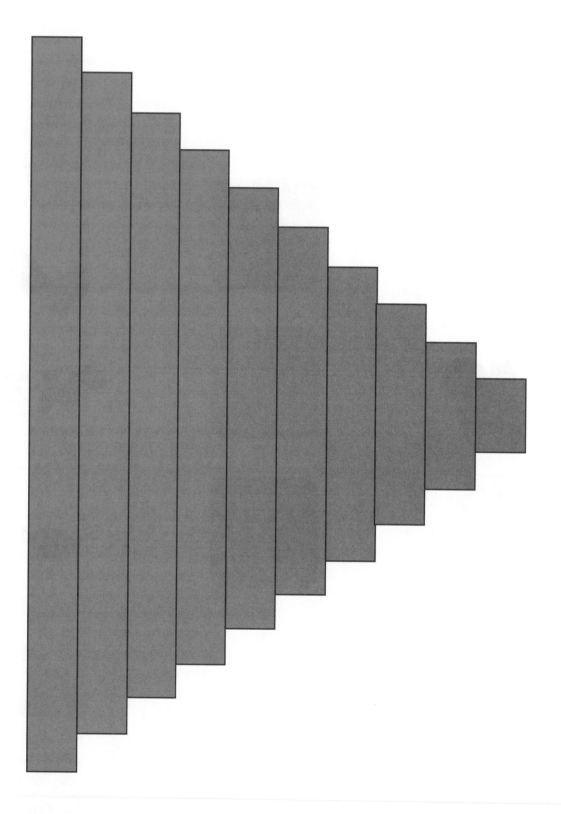

Toma las formas geométricas. Selecciónalas para quedarte sólo con los círculos. A continuación, ordénalas en la tabla en función de su tamaño y su color.

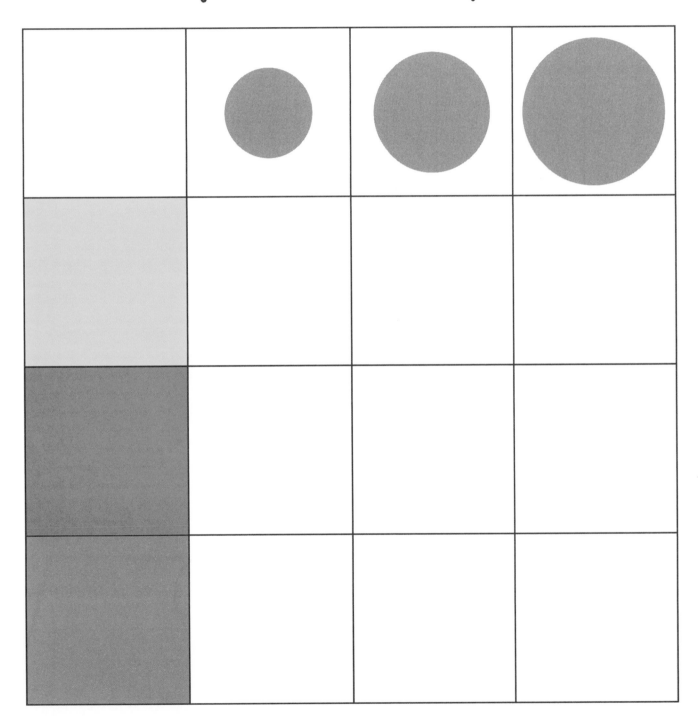

Realiza esta espiral con la ayuda de las barras rojas.

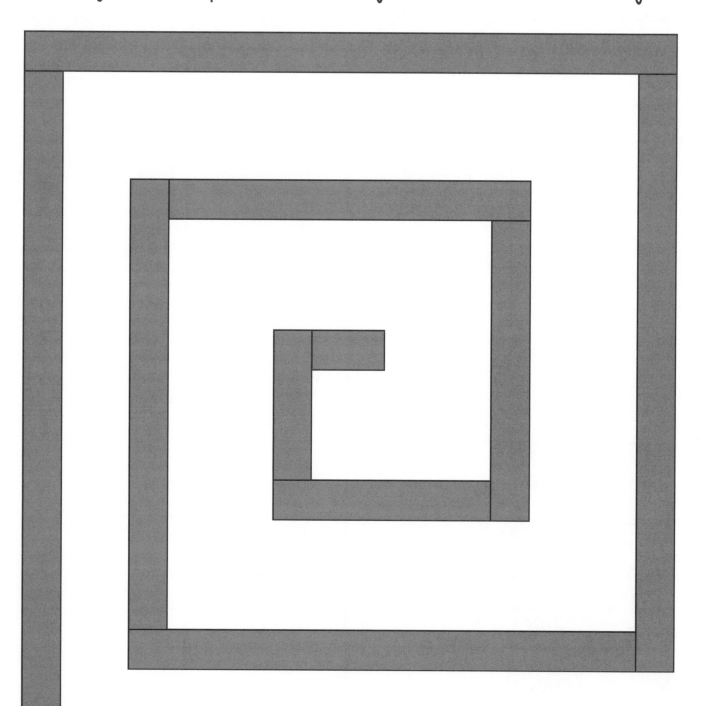

Sudoku de colores

Colorea las casillas de este sudoku de modo que cada columna, cada línea y cada cuadrado gris contenga los 4 colores.

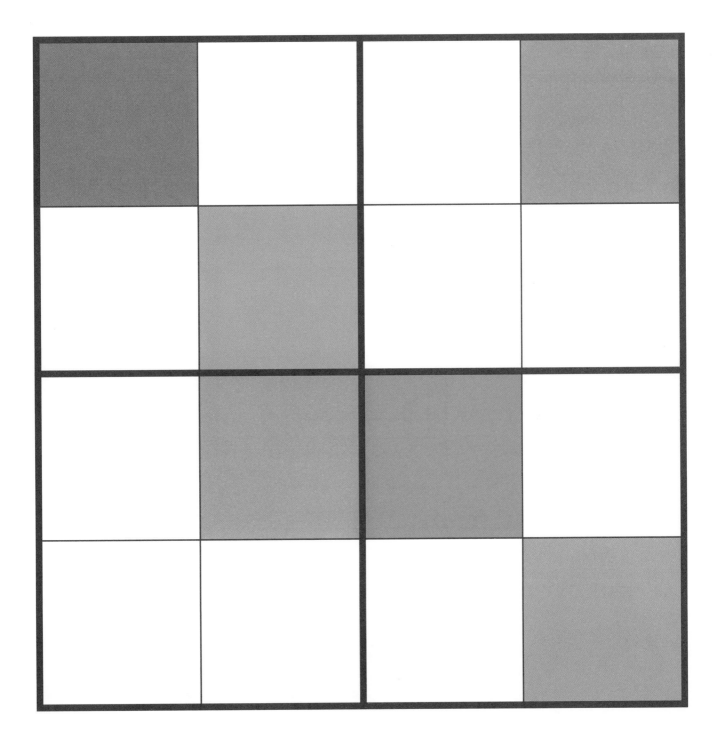

Toma las formas geométricas. Clasifícalas por formas y por colores y superponlas procurando que estén bien centradas.

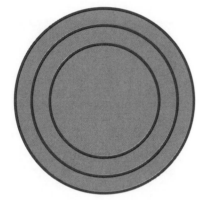  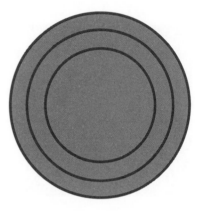

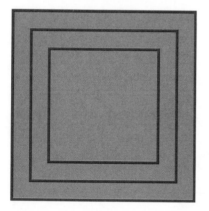 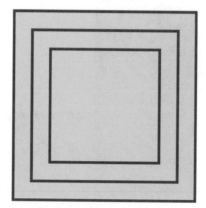 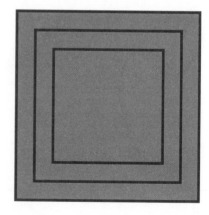

Tangram del gato

Toma las piezas del tangram que encontrarás
al final del cuaderno y realiza la figura del gato.
Puedes colocar primero las formas sobre el cuaderno
y después, reconstruir el gato a un lado, sobre la mesa.

Formo familias

Recorta las etiquetas de la página 137 y forma familias de animales que vivan en el mismo lugar.

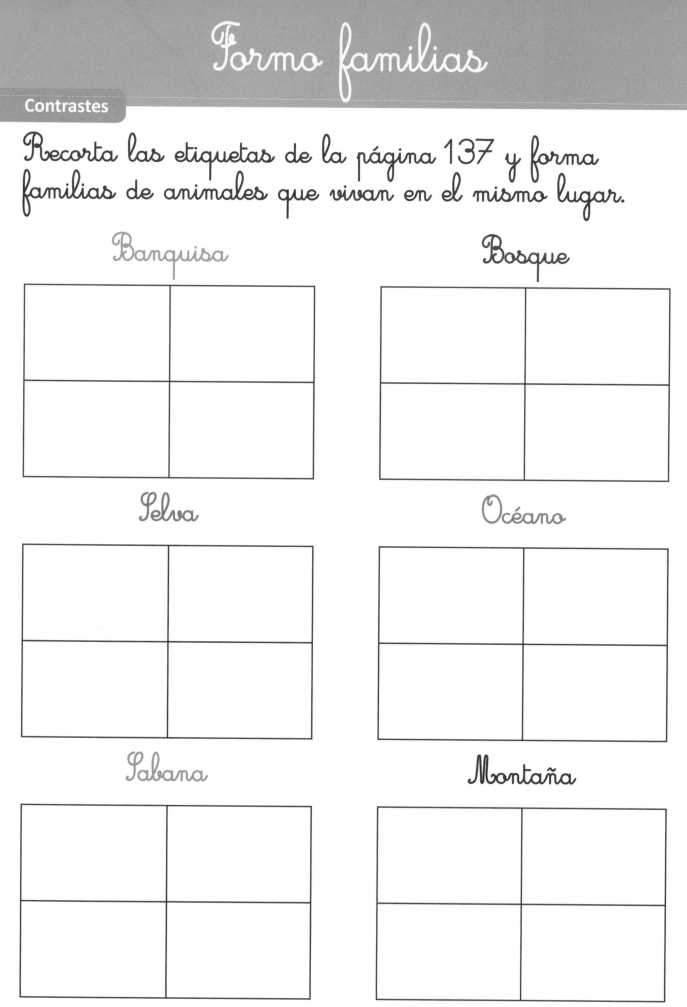

Banquisa

Bosque

Selva

Océano

Sabana

Montaña

Toma las formas geométricas. Clasifícalas por formas, colores y tamaños y superponlas procurando que estén bien alineadas, como en los modelos.

Observa cada objeto y relaciónalo con el sólido que le corresponda.

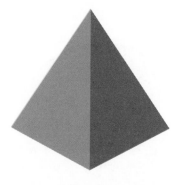
pirámide
•

cono
•

paralelepípedo
•

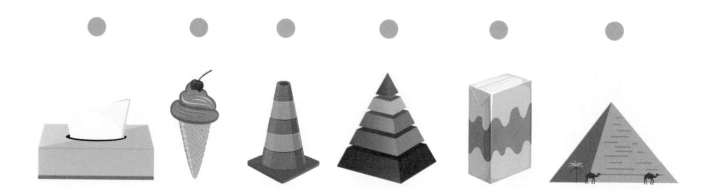

¿Puedes nombrar las imágenes y decir cuál es su forma?

cubo   cilindro   esfera

Toma las formas geométricas y superponlas como en estos modelos. ¡Cuidado!: presta atención al tamaño y al color de cada forma.

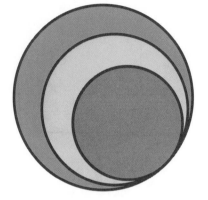 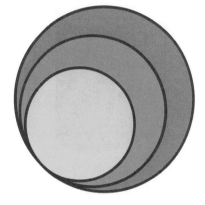 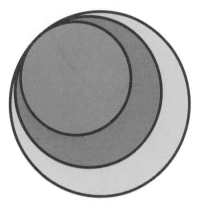

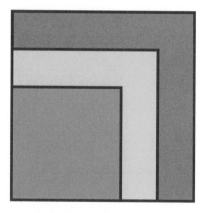 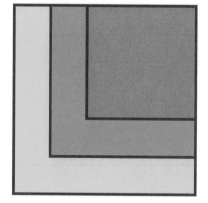 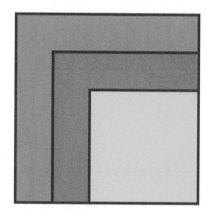

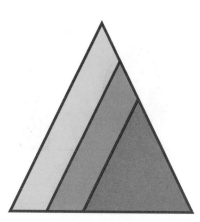 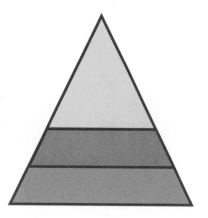 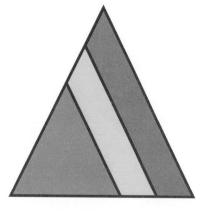

Recorta las etiquetas de las páginas 137 y 139
y pégalas en la tabla siguiendo el color y la orientación.

	→	↑	←	↓

Sudoku de colores

Colorea las casillas de este sudoku de modo que cada columna, cada línea y cada rectángulo gris contenga los 6 colores.

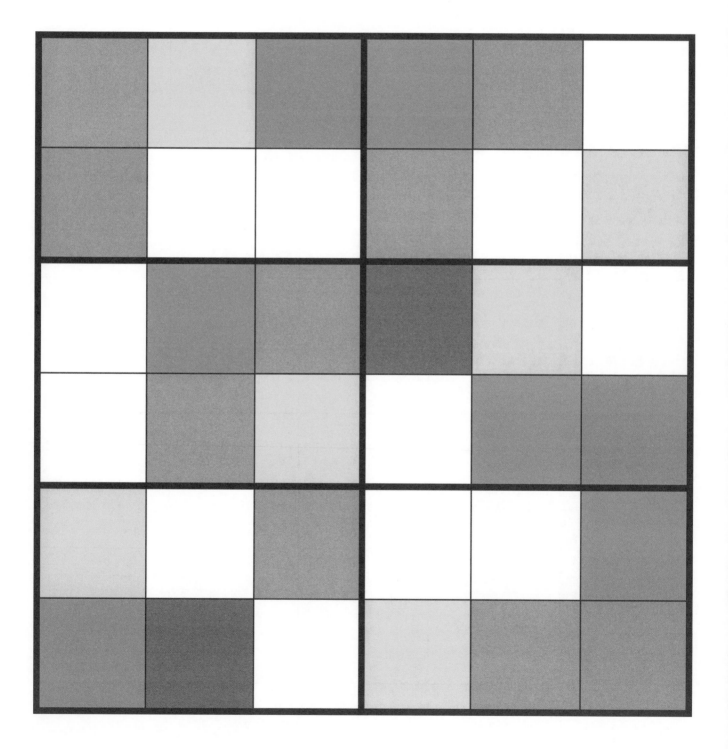

Tangram del cisne

Toma las piezas del tangram y realiza la figura del cisne. Puedes colocar primero las formas sobre el cuaderno y, después, reconstruir el cisne a un lado, sobre la mesa.

Recorta las etiquetas de la página 139.
Clasifica las tarjetas por colores
y pégalas en cada tira, de la más
oscura a la más clara,
partiendo del centro.

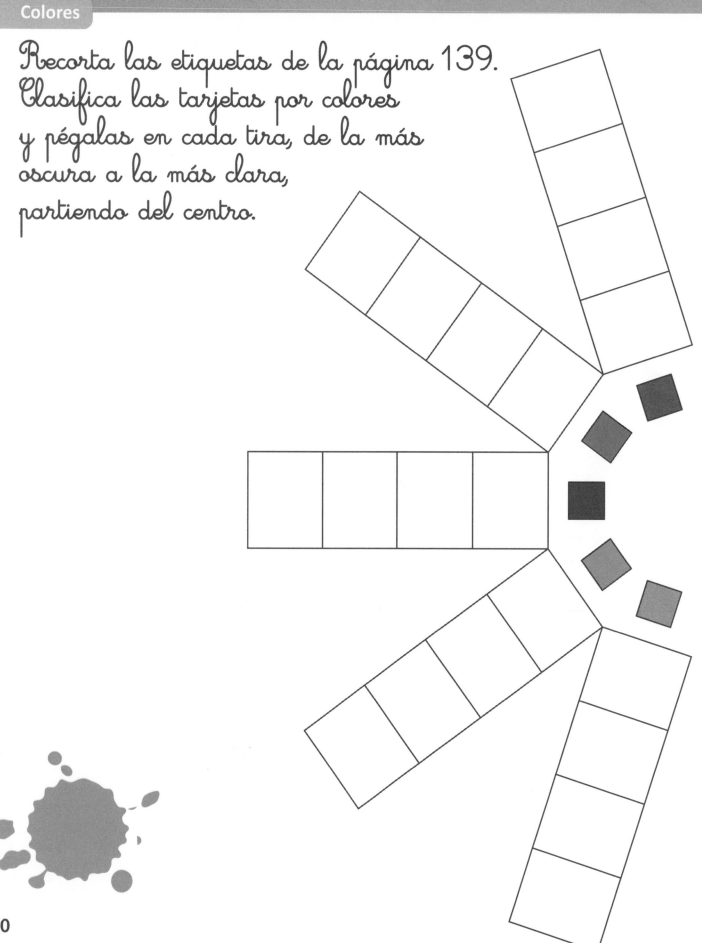

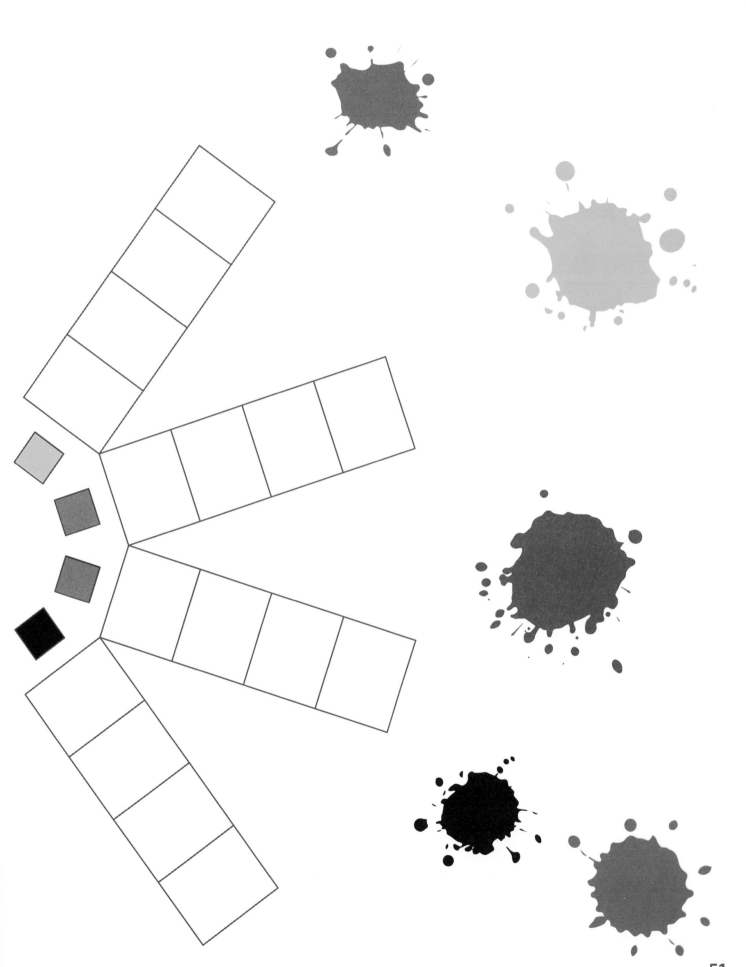

Formas libres

Clasificar y orientar

Toma las formas geométricas y superponlas como en los modelos. A continuación, puedes inventar las formas que quieras.

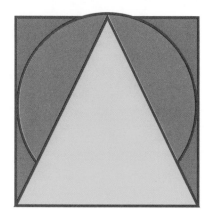

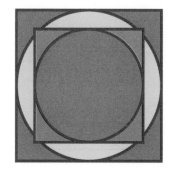
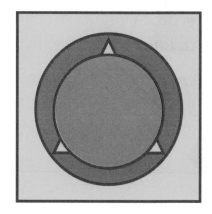

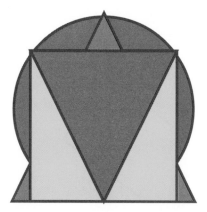

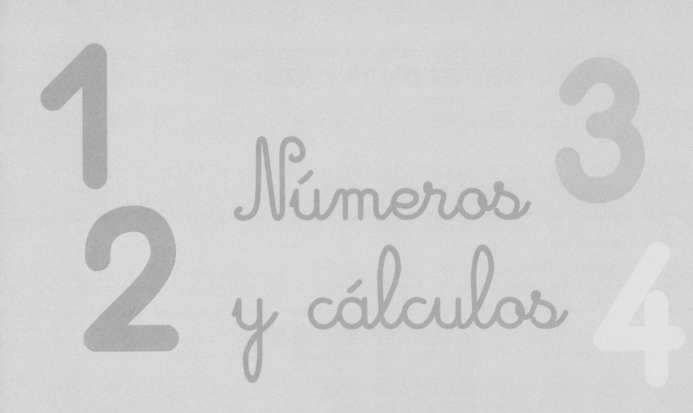

Números y cálculos

En este apartado, tu hijo empezará descubriendo cantidades y símbolos para proseguir con el sistema decimal y las primeras operaciones.

Procura seguir la progresión que proponemos, sin saltarte etapas, para que tu hijo pueda desarrollar sus capacidades de manera duradera y serena.

El material que tiene a su disposición le permitirá descubrir las matemáticas de un modo progresivo, mediante un enfoque concreto con el que podrá «sentir» el concepto para llegar poco a poco a la abstracción matemática.

Barras rojas y azules

Mediante las barras numéricas rojas y azules, tu hijo podrá visualizar las unidades que componen cada número.

Material necesario

Las barras rojas y azules son el primer material que usamos para la numeración. Estas barras numéricas, que corresponden cada una a un número, aumentan su longitud de manera proporcional, de unidad en unidad.

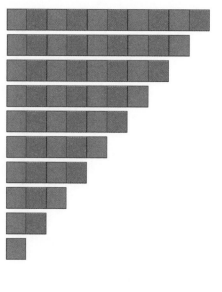

Lección en tres etapas

Lee de nuevo el principio de la lección en tres etapas que se explica en el prólogo.

1ª etapa

Barras numéricas 1, 2 y 3

En cada etapa, pide a tu hijo que repita tus gestos y tus palabras.

- Toma la barra 1 y di: «1».
- Toma la barra 2 y, mientras tocas las unidades con los dedos, di: «1, 2».
- Desliza a continuación la punta de un dedo sobre la barra y di: «2».
- Procede del mismo modo con la barra 3.
- Vuelve a mostrar cada barra si lo consideras necesario.
- Coloca las barras en orden y di: «Muéstrame el 3», a continuación «Muéstrame el 1» y «Muéstrame el 2».
- Prueba ahora colocando las barras de manera desordenada.
- Separa una barra y pregunta: «¿Qué es?». Prosigue así con las demás barras.

Barras numéricas 4, 5 y 6

- Coloca las barras del 1 al 6 delante de tu hijo.
- Toma las barras 1, 2 y 3 y comprueba si tu hijo las ha asimilado bien.
- Preséntale las barras 4, 5 y 6 como hiciste con las tres primeras barras.

Barras numéricas 7, 8, 9 y 10

- Coloca las barras del 1 al 10 delante de tu hijo.
- Tras comprobar que ha asimilado perfectamente las barras del 1 al 6, preséntale las barras 7, 8, 9 y 10 como antes.

2ª etapa

Debes introducir este juego cuando tu hijo conozca el conjunto de las barras numéricas.
Coloca en una mesa todas las barras rojas y azules de manera desordenada. A continuación, pide a tu hijo que ordene cada una de las barras numéricas del 1 al 10, de menor a mayor, procurando que los extremos rojos estén bien alineados. Mezcla las barras y pídele que te las dé en el orden inverso, del 10 al 1.

3ª etapa

Coloca las barras de manera desordenada en una mesa o una alfombra y pide a tu hijo: «Tráeme la barra del 6», «Tráeme la barra del 3», etc.

Si lo consideras oportuno, muestra las barras numéricas a lo largo de varios días y ten paciencia, porque el aprendizaje puede requerir tiempo.

Para ampliar: las distintas maneras de formar el 10

Con la ayuda de las barras, muestra a tu hijo que con la barra del 1 y la barra del 9 se obtiene el 10: «1 más 9 igual a 10». Haz lo mismo con la barra del 2 y la barra del 8, la barra del 3 y la barra del 7 y, por último, la barra del 4 y la barra del 6. A continuación, podrás formularle este tipo de preguntas: «¿Qué le falta al 9 para que la suma sea igual a 10?», «¿Qué hay que añadir a 8 para llegar a 10?», etc.

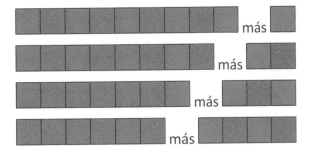

Colorea en rojo y azul las barras numéricas empezando por la que representa el 1. ¡Atención! La barra de más a la izquierda tiene que ser siempre roja.

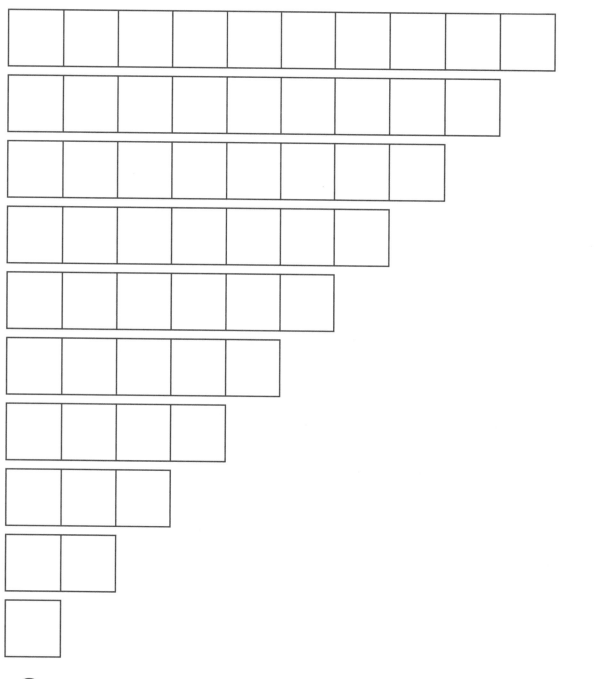

¿Puedes mostrar dónde están el 7, el 5, el 9 y el 3?

Recorta las barras de la página 141 y pégalas de la más corta a la más larga empezando por arriba.

Muestra con el dedo el 8, el 2, el 6 y el 10.

Nombro las barras numéricas

Nombra cada barra. ¡Atención! Hay dos barras que no están representadas. ¿Puedes nombrarlas y dibujarlas?

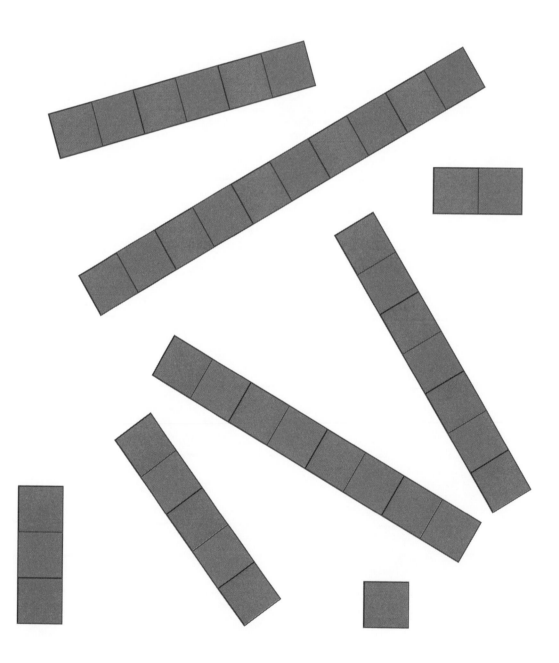

58

Cifras rugosas

En este caso, no se trata de aprender el orden de las cifras ni de asociar cantidades, sino de aprender el símbolo de las cifras del 0 al 9 mediante un enfoque sensorial.

Preparación del material

- Para realizar las cifras rugosas, necesitarás un material rugoso (azúcar, sal, sémola fina, arena, perlas pequeñas, etc.) y una sustancia adhesiva (pegamento líquido, barniz, etc.).
- Para empezar, recorta las tarjetas de las cifras que encontrarás al final del cuaderno.
- A continuación, cubre con adhesivo el interior de las cifras siguiendo bien el contorno.
- Esparce el azúcar, la sémola o las perlas y deja que se seque durante unos minutos.
- Por último, retira el exceso de material rugoso; para ello, da la vuelta a las tarjetas sobre un recipiente. Después, ya puedes utilizar las cifras rugosas.

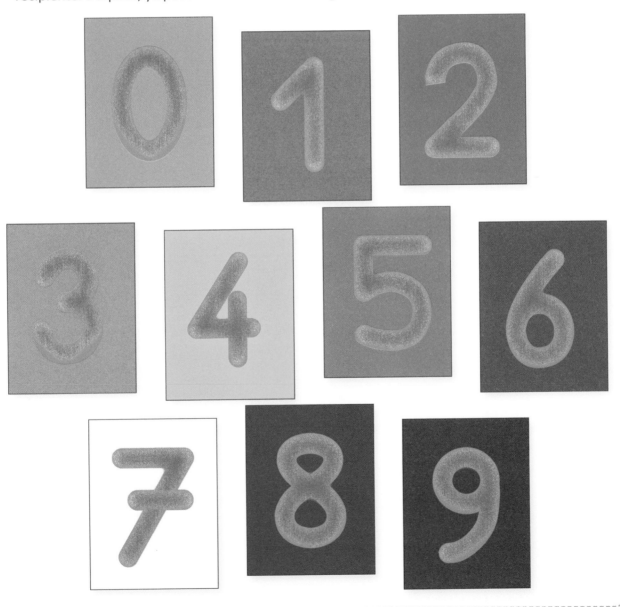

Lección en tres etapas

Muestra los símbolos de tres en tres a tu hijo, según el principio de la lección en tres etapas, privilegiando las cifras a las formas contrastadas, para facilitar la memorización y evitar confusiones. Puedes mostrar las cifras de este modo: 1, 6 y 3; a continuación, 2, 4 y 5, y, por último, 9, 7 y 8. Podrás introducir el 0 más tarde, cuando trabajes con los husos.

1ª etapa

- Dibuja el 1 en el sentido de la escritura con los dedos índice y corazón y di: «1». Pide a tu hijo que haga lo mismo.
- Haz lo mismo con el 6 y el 3.

2ª etapa

- Reparte las tarjetas 1, 6 y 3 delante de tu hijo y pídele sucesivamente: «Muéstrame el 1», «¿Dónde está el 6?» y «Muéstrame el 3».

3ª etapa

- Coloca las tres tarjetas de cifras sobre la mesa, señala una con el dedo y pregunta a tu hijo: «¿Qué es?». Procede del mismo modo con las otras dos tarjetas.

Si crees que tu hijo está listo, puedes mostrarle al día siguiente los símbolos de tres cifras más.

Para ampliar

Puedes proponer a tu hijo que se entrene dibujando cifras en un recipiente lleno con arena o sémola fina.

Dibujo y descubro el 1

Sigue con el dedo el trazado del 1 y di «1».

uno

Dibuja con un lápiz o rotulador el número 1.

61

Sigue con el dedo el trazado del 2 y di «2».

dos

Dibuja con un lápiz o rotulador el número 2.

Sigue con el dedo el trazado del 3 y di «3».

tres

Dibuja con un lápiz o rotulador el número 3.

Sigue con el dedo el trazado del 4 y di «4».

cuatro

Dibuja con un lápiz o rotulador el número 4.

Sigue con el dedo el trazado del 5 y di «5».

cinco

Dibuja con un lápiz o rotulador el número 5.

Sigue con el dedo el trazado del 6 y di «6».

seis

Dibuja con un lápiz o rotulador el número 6.

Sigue con el dedo el trazado del 7 y di «7».

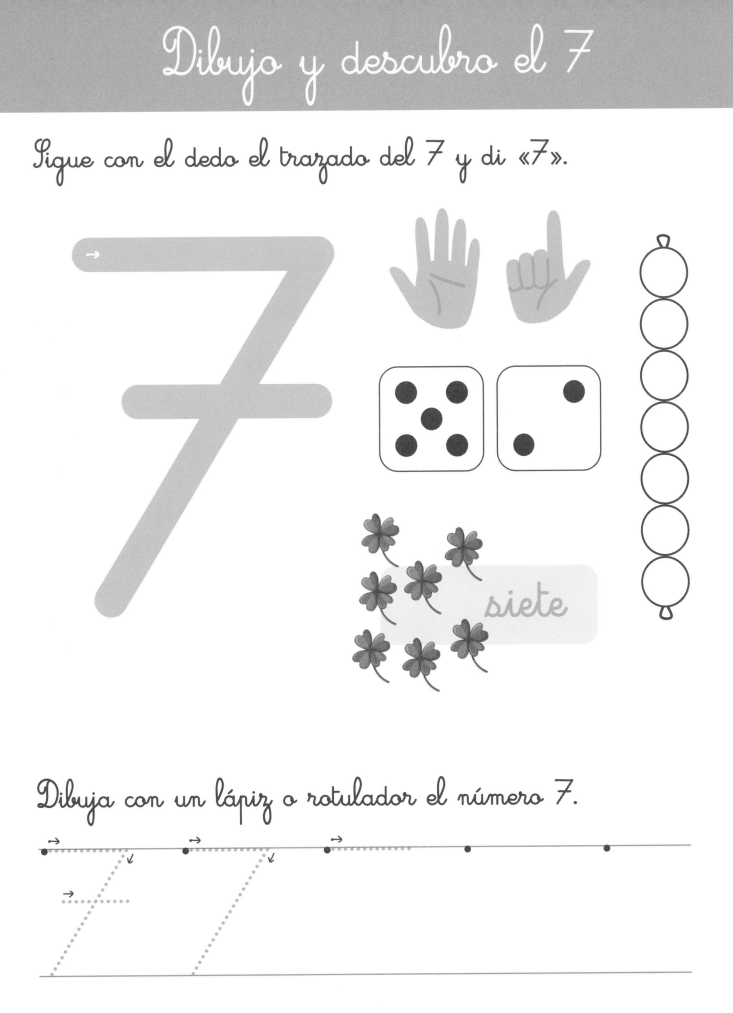

siete

Dibuja con un lápiz o rotulador el número 7.

Sigue con el dedo el trazado del 8 y di «8».

ocho

Dibuja con un lápiz o rotulador el número 8.

Sigue con el dedo el trazado del 9 y di «9».

nueve

Dibuja con un lápiz o rotulador el número 9.

Sigue con el dedo el trazado del 0 y di «0».

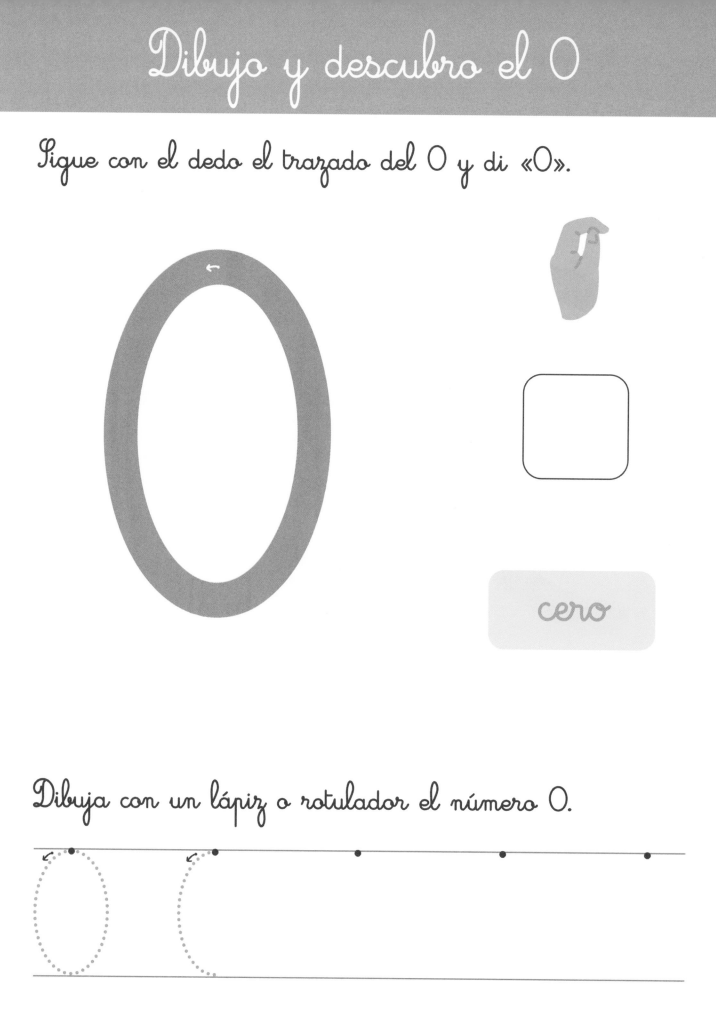

cero

Dibuja con un lápiz o rotulador el número 0.

Cantidades y símbolos

Ahora que tu hijo conoce las barras numéricas y los símbolos, puede empezar a asociar una cantidad con un número y, finalmente, ordenarlos.

Material necesario
Necesitarás las barras rojas y azules y las tarjetas de cifras.

Lección en tres etapas

1ª etapa: asociar cantidades y símbolos
- Coloca las barras numéricas desordenadas delante de tu hijo y las tarjetas de cifras, apiladas y también desordenadas.
- Toma una primera tarjeta y pregúntale: «¿Qué es?». A continuación, pídele que halle la barra numérica correspondiente y, cuando la haya encontrado, coloca la tarjeta en el extremo de la barra. Prosigue la actividad con otra tarjeta de cifras, hasta que se hayan formado todas las parejas de tarjetas y barras.

2ª etapa: asociar símbolos y cantidades
- Ahora, reparte las tarjetas de cifras desordenadas delante de tu hijo y coloca las barras numéricas apiladas, a su izquierda.
- Muéstrale con el dedo una tarjeta de cifras y pídele que encuentre la barra correspondiente. Cuando la haya hallado, coloca la tarjeta en el extremo de la barra. Prosigue así con el resto de símbolos.

3ª etapa: asociar cantidades y símbolos en orden
- Mezcla las barras numéricas sobre la mesa junto con las tarjetas de cifras.
- Pide a tu hijo que coloque delante de él o ella las barras del 1 al 10, procurando que los extremos de más a la izquierda siempre sean de color rojo.
- Pídele que tome las tarjetas de cifras, que las lea y que las coloque en el extremo de cada barra numérica.

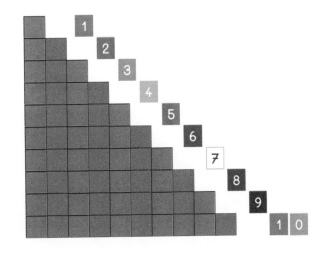

Indica la cantidad correspondiente a cada barra con un número.

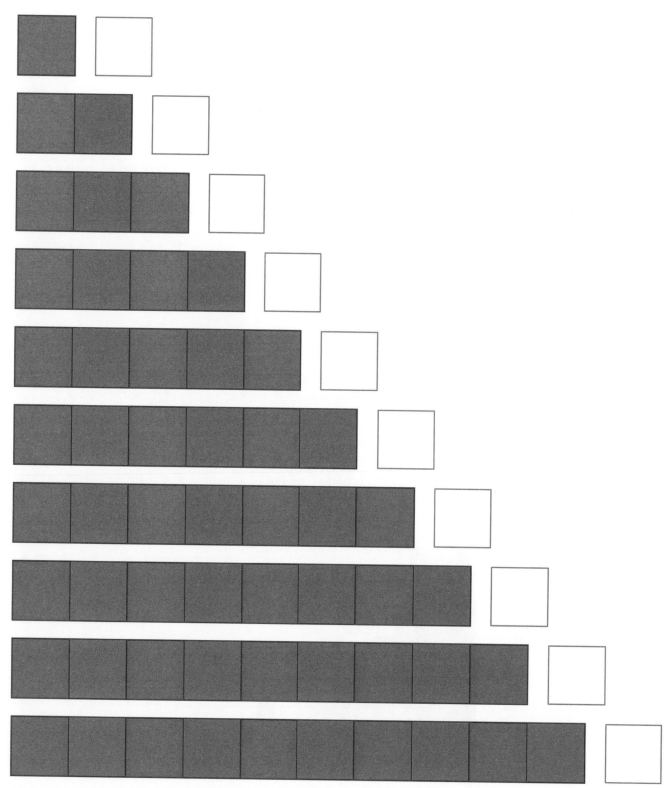

Asocio símbolos y cantidades

Colorea el número de unidades necesarias para obtener el número indicado al final de cada línea. Presta atención para respetar la alternancia de rojo y azul.

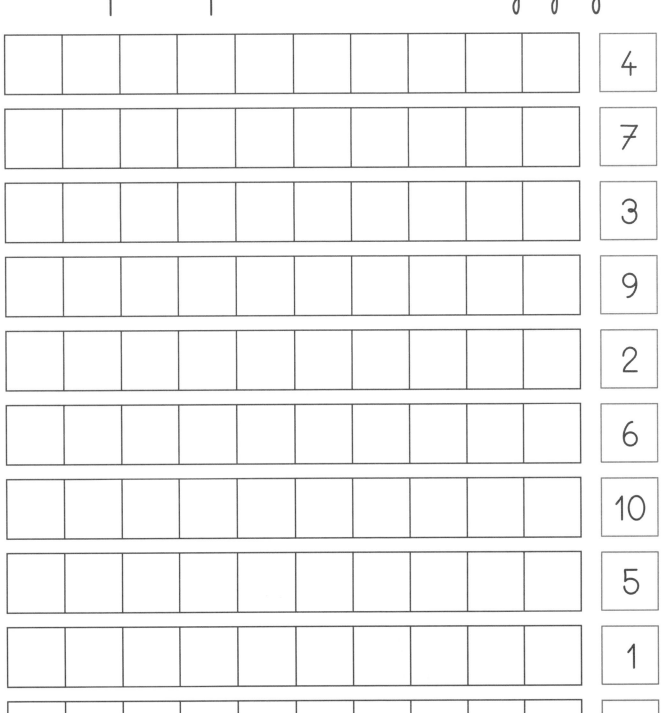

Indica la cantidad correspondiente en cada barra con un número.

Ordeno las barras

Toma las barras numéricas y ordénalas siguiendo el orden indicado. Presta atención para que los extremos rojos estén bien alineados.

10
6
7
1
9
8
2
4
5
3

6
2
9
3
10
7
1
8
5
4

Toma las barras numéricas del 1 al 9
y busca cuáles puedes asociar para obtener el 10.

Después de realizar esta operación, dibuja en rojo
y azul las barras que debes añadir a las que ya
tienes para llegar a 10.

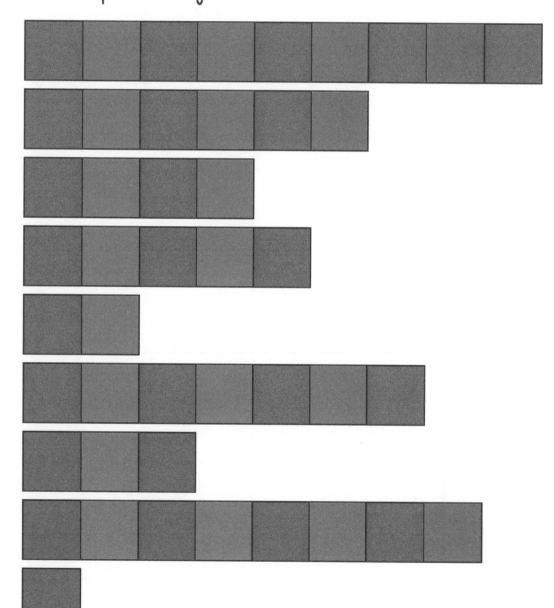

Relaciono series con cifras

Relaciona cada serie con la cifra que le corresponde.

8

5

3

6

7

4

Husos

Recorta los husos que encontrarás al final del cuaderno.
Lee la cifra escrita en cada columna y coloca tantos
husos como sean necesarios para obtener la cifra.
Usa un trozo de cordel para atar los husos y colócalos
bajo la cantidad adecuada.

0	1	2	3	4

5	6	7	8	9

Si sobran husos significa que has cometido un pequeño error. Vuelve a empezar la actividad con paciencia.

Cuenta los elementos de cada serie y anota el número de imágenes que has encontrado.

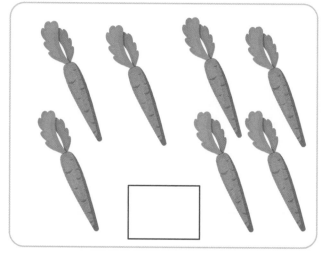

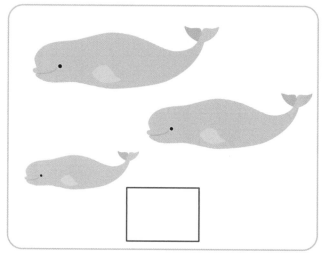

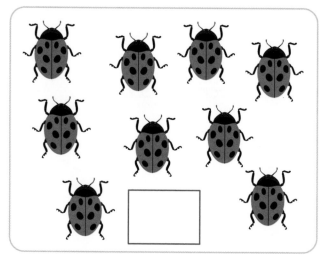

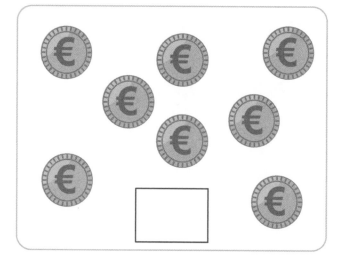

Recorta las etiquetas de la página 141. Cuenta los elementos de cada serie y pega en cada sobre la etiqueta que le corresponde.

Fichas: números pares e impares

Llegados a este punto, tu hijo es capaz de asociar una cantidad con un número y puede descubrir las nociones de par e impar.

Lección en tres etapas

1ª etapa

- Utiliza el esquema de más abajo y di a tu hijo: «El 2 es un número par». A continuación, desliza el índice entre las dos columnas de fichas y repite: «Par». Procede así con los números 4, 6, 8 y 10, y pide a tu hijo que haga lo mismo.
- Dile: «El 2, el 4, el 6, el 8 y el 10 son pares. Los pares van siempre de dos en dos. Por tanto, puedes pasar el dedo entre las dos columnas de fichas». Pide a tu hijo que lo repita.
- Muéstrale el 1 y dile: «El 1 es un número impar. No puedes pasar el dedo entre las dos columnas de fichas». Haz lo mismo con el 3, el 5, el 7 y el 9.
- Pídele que reproduzca tus gestos y tus palabras. Al final, dile: «El 1, el 3, el 5, el 7 y el 9 son impares. No puedes pasar el dedo entre las dos columnas de fichas». Pídele que lo repita.

2ª etapa

- Di a tu hijo: «Muéstrame un número par»; y, a continuación: «Muéstrame un número impar».
- Prosigue así varias veces.

3ª etapa

- Señala con el dedo un número y pregunta a tu hijo: «¿Cómo es este número?».
- Repite la pregunta con otros números.

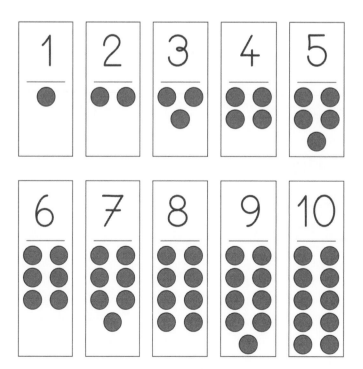

Números pares e impares

Indica la cantidad de cada etiqueta con un número y rodea con verde los números pares y, con amarillo, los impares.

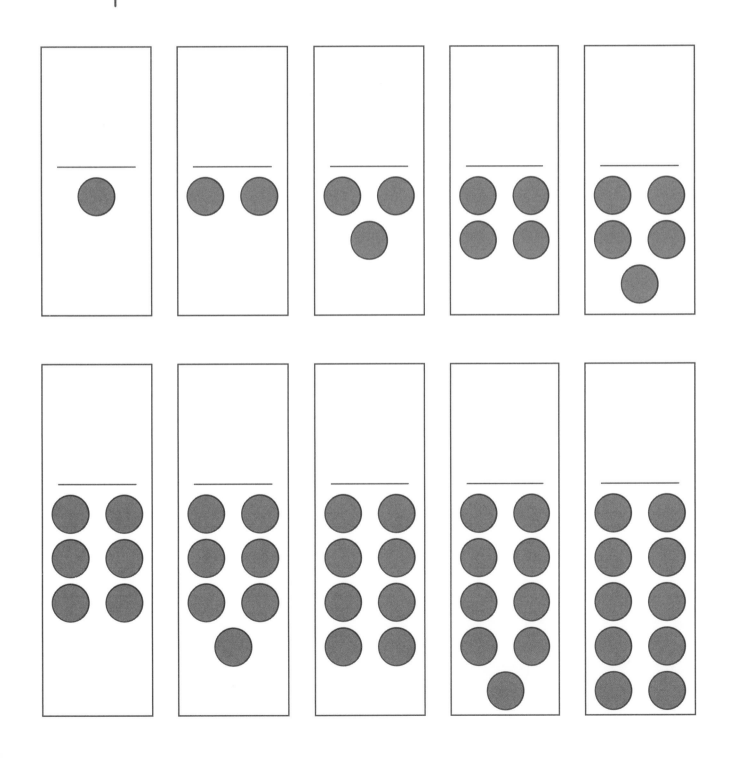

¿Pares o impares?

Escribe los números pares del 1 al 10 en la columna de la izquierda y los números impares en la de la derecha.

PARES	IMPARES
El dedo puede pasar entre las fichas	El dedo no puede pasar entre las fichas

Rodea con verde los números pares y, con amarillo, los impares.

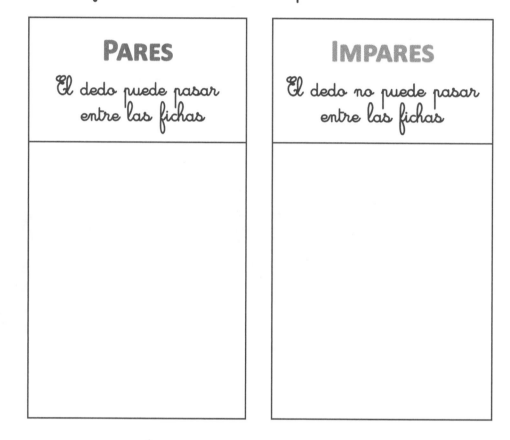

10   8   3   9

2

5   6

1

7   4

84

Escalera de colores

Gracias a las barritas de perlas, tu hijo descubrirá las sumas.

Material necesario
La escalera de colores está constituida por 10 barritas de perlas de colores del 1 al 10, que encontrarás al final del cuaderno y deberás guardar bien, pues las vas a utilizar bastante.

Presentación del material

- Muestra la barrita roja a tu hijo y dile: «¿Qué es? Es el 1». Y coloca la barrita sobre la mesa.
- Toma la barrita verde y pregúntale a qué cifra corresponde. Para ello, pídele que cuente las perlas: «1, 2. Es el 2».
- Sigue así hasta la barrita 10. Debes colocar las barritas de la más corta a la más larga para formar una pirámide.
- Indícale que colocadas de esta manera, en pirámide, las barritas están ordenadas de menor a mayor.

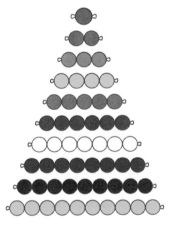

Para que tu hijo memorice el código de colores de la pirámide, pídele que ordene las barritas del 1 al 10 de este modo tantas veces como sea necesario. Llévalo a cabo durante varios días, hasta que se haya familiarizado del todo con el material. Antes de empezar las siguientes actividades, tu hijo debe ser capaz de decir: «El 1 es la barrita roja», «El 2 es la verde», etc.

Para ampliar

Para que tu hijo se familiarice con este material y para ampliar la actividad, proponle que asocie las barritas de perlas con sus símbolos; es decir, que asocie una barrita con su cifra escrita. Para ello, toma las tarjetas de cifras y pídele que las asocie con las barritas de perlas.

Colorea la escalera de colores según el color de cada barrita. A continuación, indica la cantidad de cada barrita con un número.

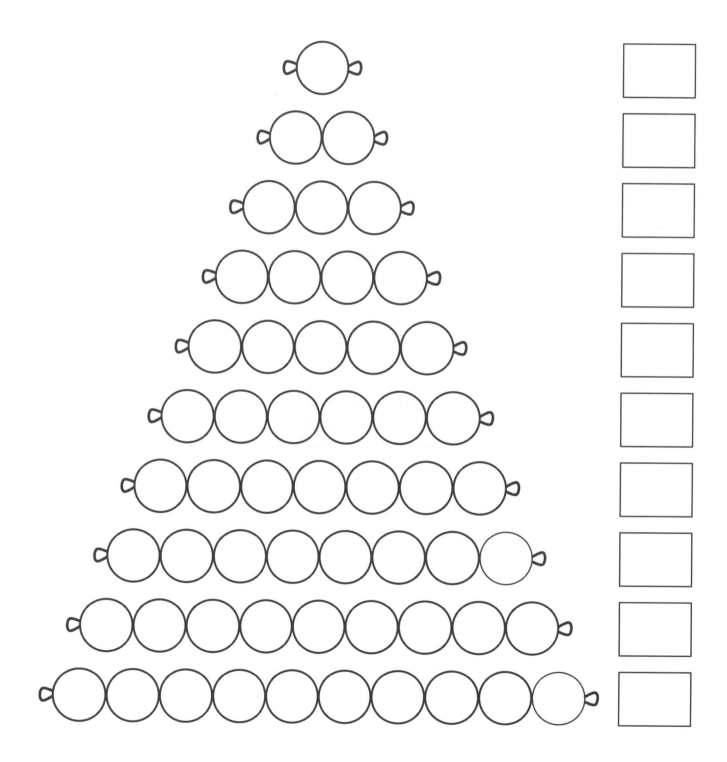

Asocio un número a una barrita

Indica la cantidad de cada barrita con un número.

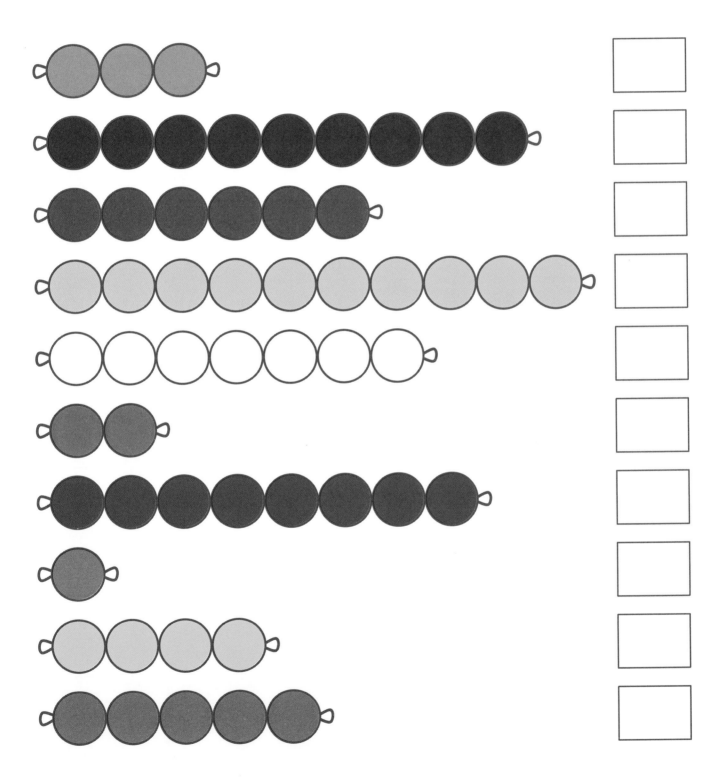

Asocio una barrita a una cifra

Recorta las barritas de perlas de la página 143 y pégalas bajo la cifra correspondiente.

1	2	3	4	5

¿Puedes mostrar dónde están el 4, el 8 y el 1?

6	7	8	9

Asocio una barrita a un número

Colorea el número indicado de perlas respetando el color de las barritas.

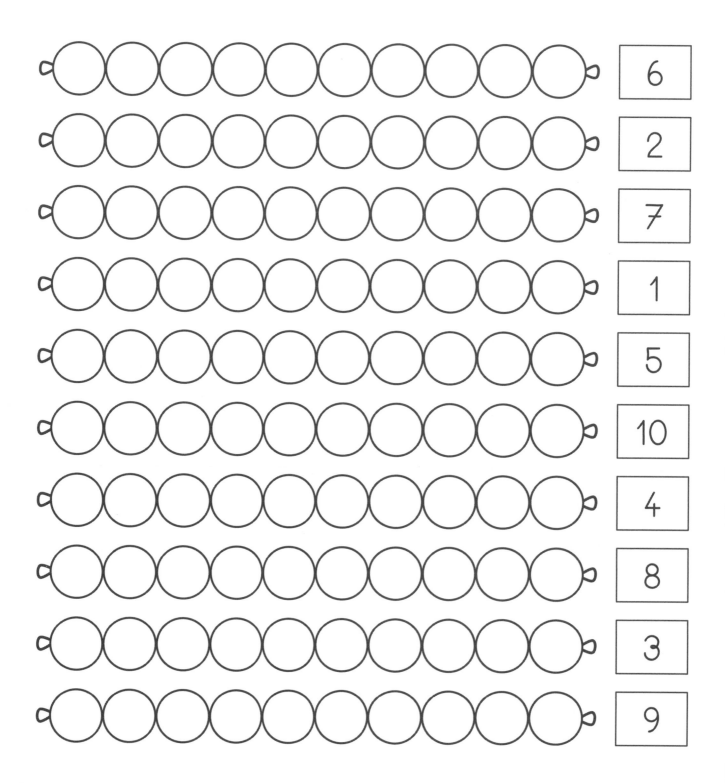

De menor a mayor

En cada recuadro, rodea la cantidad menor con verde y la mayor con rojo.

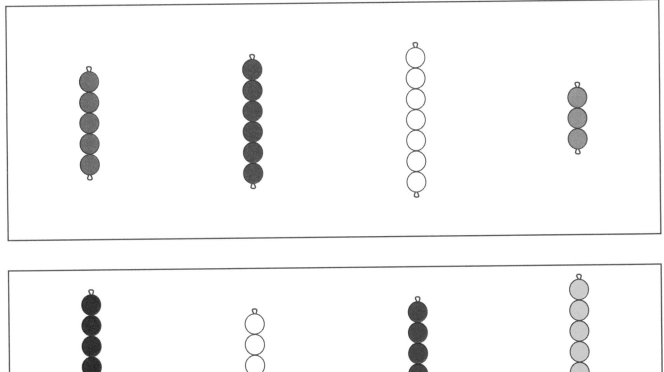

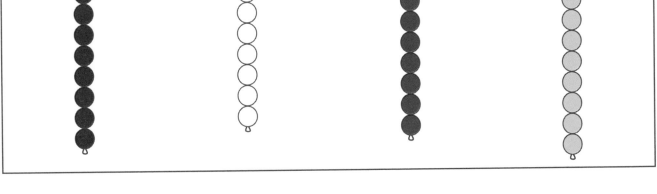

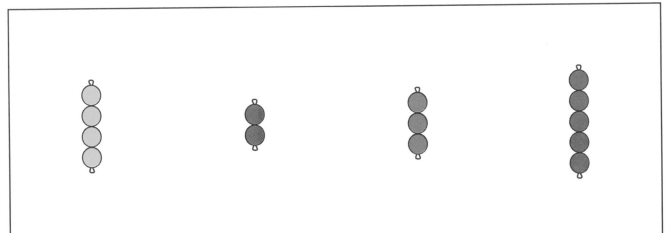

Escribe el número o los números que vienen justo después.

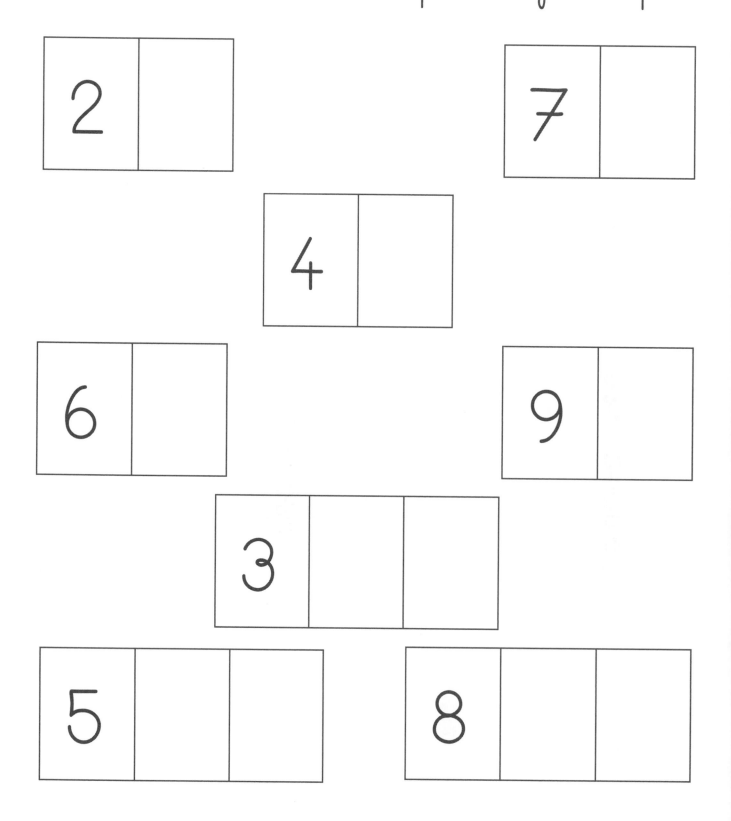

Con la ayuda de las barritas de perlas, reproduce estas sumas y, a continuación, colorea las perlas de la manera adecuada.

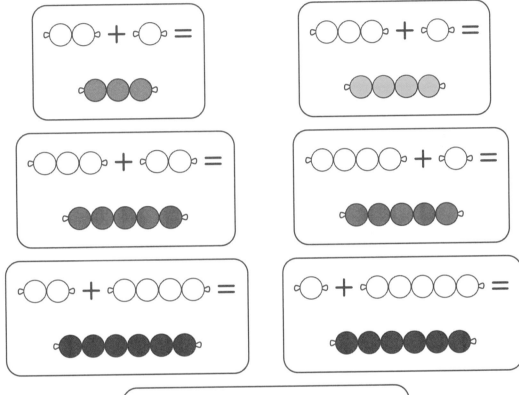

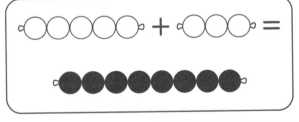

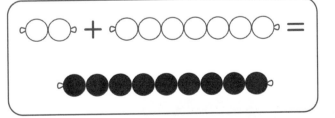

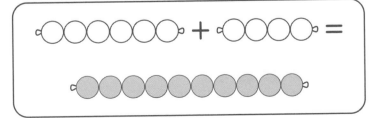

Sumo barritas

Reproduce cada suma con la ayuda de las barritas de perlas y encuentra el resultado. ¿Puedes dibujarlo en forma de una barrita de perlas?

 =

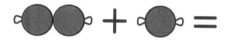 =

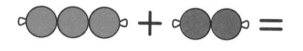 =

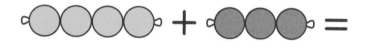 =

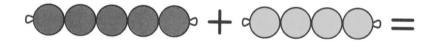 =

 =

 =

 =

 =

Escribe cada suma con cifras.
Puedes utilizar las barritas de perlas.

●● + ● = ...

.... + ... = ...

●●●●●● + ●●●● = ...

.... + ... = ...

●●●●● + ●● = ...

.... + ... = ...

● + ○○○○○○○ = ...

.... + ... = ...

●●● + ●●●●● = ...

.... + ... = ...

●●●●●●●● + ● = ...

.... + ... = ...

Realiza estas sumas con la ayuda de las barritas de perlas.

$1 + 5 = ...$

$4 + 3 = ...$

$2 + 3 = ...$

$5 + 4 = ...$

$2 + 8 = ...$

$3 + 1 = ...$

$6 + 2 = ...$

$7 + 3 = ...$

Calculo dobles

Calcular dobles es juntar dos veces la misma cifra.
Encuentra los resultados y empieza a memorizarlos.

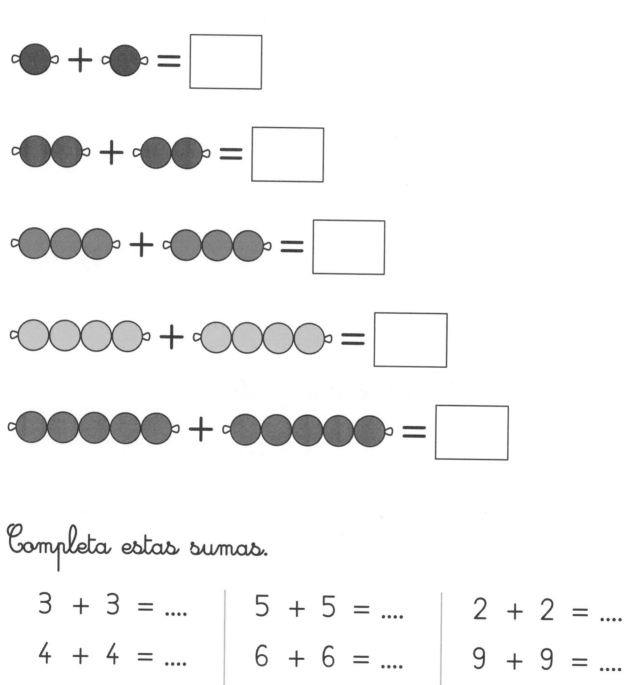

Completa estas sumas.

3 + 3 = ...	5 + 5 = ...	2 + 2 = ...
4 + 4 = ...	6 + 6 = ...	9 + 9 = ...
1 + 1 = ...	7 + 7 = ...	8 + 8 = ...

Sé hacer el 10

Encuentra todas las maneras de obtener el 10. Para ello, recorta las barritas de la página 143 y pégalas junto a las barritas adecuadas para que en cada línea obtengas el 10.

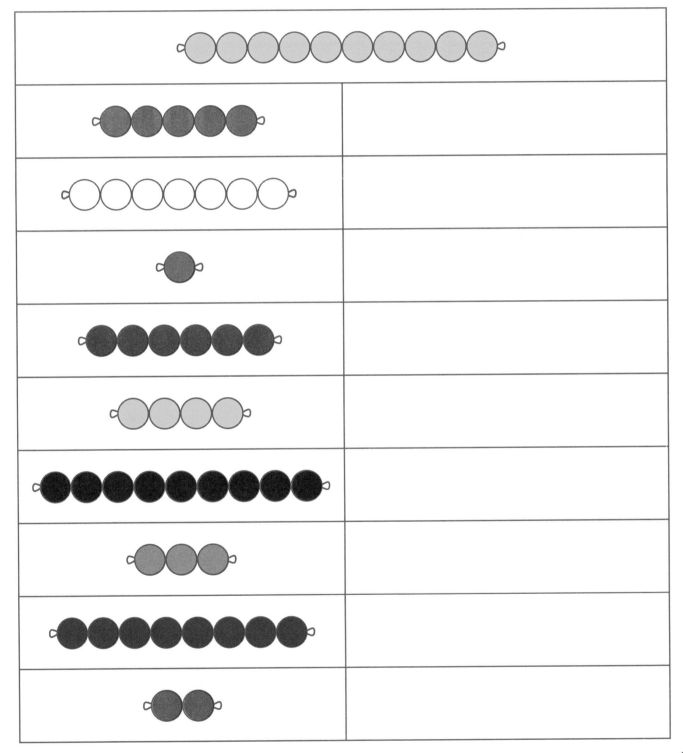

El camino del 10

Traza el camino del 10 coloreando sólo las sumas que dan 10 como resultado.

8+2	7+4	2+4	1+8	2+3	5+4	6+2
0+10	2+9	6+5	4+2	4+4	2+2	3+4
3+7	6+4	3+5	1+4	4+7	3+4	6+3
4+7	7+3	3+4	5+6	2+2	5+4	2+2
5+3	5+5	9+1	2+8	4+6	2+6	5+3
9+2	6+5	3+1	8+1	5+5	4+4	3+6
3+3	2+4	5+4	3+6	1+9	3+5	4+5
6+3	5+1	3+6	6+2	10+0	5+5	3+3

Completa estas sumas.

3 + ... = 10   .... + 10 = 10   .... + 8 = 10

6 + ... = 10   .... + 5 = 10   0 + ... = 10

.... + 9 = 10   .... + 7 = 10   2 + ... = 10

1 + ... = 10   4 + ... = 10

Unidades, decenas y centenas

A continuación, encontrarás el vocabulario del sistema decimal. Preséntaselo a tu hijo y pídele que repita tus gestos y palabras.

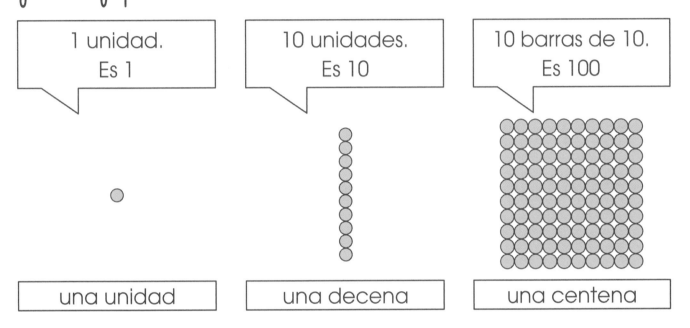

1 unidad. Es 1	10 unidades. Es 10	10 barras de 10. Es 100
una unidad	una decena	una centena

Por tanto:

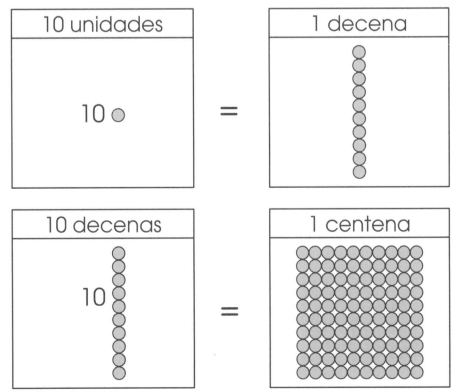

10 unidades		1 decena
10 ○	=	

10 decenas		1 centena
10	=	

Dibujo cantidades

Dibuja las cantidades indicadas. Para ello, traza un cuadrado ☐ para cada centena, un palo | para representar una decena y un círculo ○ para una unidad.

3 decenas, 4 unidades

5 decenas, 8 unidades

1 centena, 4 decenas,
3 unidades

2 centenas, 2 decenas,
7 unidades

5 centenas, 8 decenas,
1 unidad

8 centenas, 1 decena,
6 unidades

9 centenas, 7 decenas,
2 unidades

Observo y cuantifico

En cada recuadro, observa las cantidades e indica cuántas centenas, decenas y unidades hay representadas.

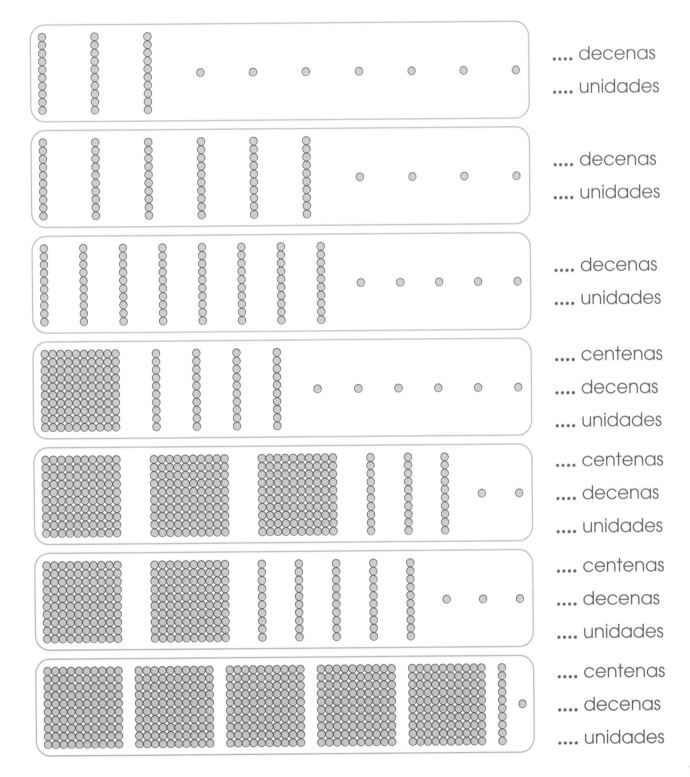

.... decenas
.... unidades

.... decenas
.... unidades

.... decenas
.... unidades

.... centenas
.... decenas
.... unidades

.... centenas
.... decenas
.... unidades

.... centenas
.... decenas
.... unidades

.... centenas
.... decenas
.... unidades

Números del 11 al 19

Descubro los números del 11 al 19 con las perlas de colores

> **Material necesario**
> Barritas de perlas de colores.

Lección en tres etapas

1ª etapa

- Coloca juntas las barritas de 10 y 1 y di a tu hijo: «10 más 1 es igual a 11».
  Procede igual con el 12: «10 más 2 es igual a 12». Y el 13: «10 más 3 es igual a 13».
  Pídele que lo repita.

2ª etapa

- Di a tu hijo: «Muéstrame el 11». Si te muestra la cantidad correcta, responde: «Sí, 10 más 1 es igual a 11».
- Prosigue del mismo modo con el 12: «Muéstrame el 12». Y el 13: «Muéstrame el 13».
- Complica la actividad mezclando las barritas y pide a tu hijo: «Obtén el 11», «Obtén el 12» y «Obtén el 13».

3ª etapa

- Coloca de nuevo las barritas juntas para que formen los números 11, 12 y 13, pero ahora pon los números desordenados.
- Muestra una cantidad a tu hijo y pregúntale: «¿Qué es?». Procede del mismo modo con las demás cantidades.

Cuando tu hijo haya aprendido el 11, el 12 y el 13, pasen al 14, el 15 y el 16, y, después, al 17, el 18 y el 19, siguiendo siempre el método de la lección en tres etapas.

Para ampliar

Puedes ampliar la actividad asociando las perlas de otras maneras (12, 15 y 19, por ejemplo), o aumentando las cantidades (15, 16, 17, 18 y 19). Prosigue con la actividad durante todo el tiempo que sea necesario: deben asimilarse las cantidades del 11 al 19 antes de poder pasar a las siguientes actividades. Tu hijo debe poder ver las barritas 10 y 6 y decir, sin dudarlo: «10 más 6 es igual a 16». Por tanto, esta etapa requerirá tiempo.

Descubro los números del 11 al 19
con la tabla de Seguin 1

Lección en tres etapas

1ª etapa

- Coloca la cifra 1 sobre el cero del primer 10 y di a tu hijo: «10 más 1 es igual a 11». Procede igual con el 12: «10 más 2 es igual a 12». Y con el 13: «10 más 3 es igual a 13». Pídele que lo repita.

2ª etapa

- Di a tu hijo: «Muéstrame el 11». Si te enseña la cantidad correcta, responde: «Sí, 10 más 1 es igual a 11».
- Prosigue del mismo modo con el 12: «Muéstrame el 12». Y con el 13: «Muéstrame el 13».
- Complica la actividad pidiéndole que te enseñe las cantidades desordenadas.
- Retira las cifras de la mesa y colócalas a la izquierda de tu hijo. Pídele que forme las cantidades indicadas: «Obtén el 12», «Obtén el 11» y «Obtén el 13».

3ª etapa

- Coloca de nuevo las cifras en su lugar, sobre los 0, para que formen los números 11, 12 y 13.
- Muestra una cantidad a tu hijo y pregúntale: «¿Qué es?». Procede del mismo modo con las demás cantidades.

Cuando tu hijo haya aprendido el 11, el 12 y el 13, pasad al 14, el 15 y el 16, y, después, al 17, el 18 y el 19, siguiendo siempre el método de la lección en tres etapas.

Recorta las barritas de perlas de la página 143 y pégalas junto al número que corresponde a cada una.

Completo los números

Escribe la cifra de las unidades para obtener el número correspondiente a cada cantidad de perlas.

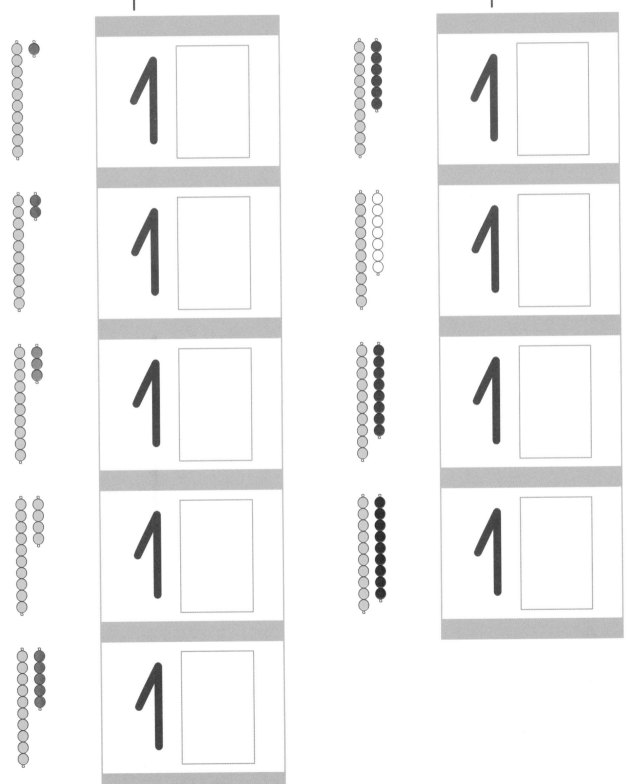

Encuentro los números

Indica el número que corresponde a cada cantidad de perlas.

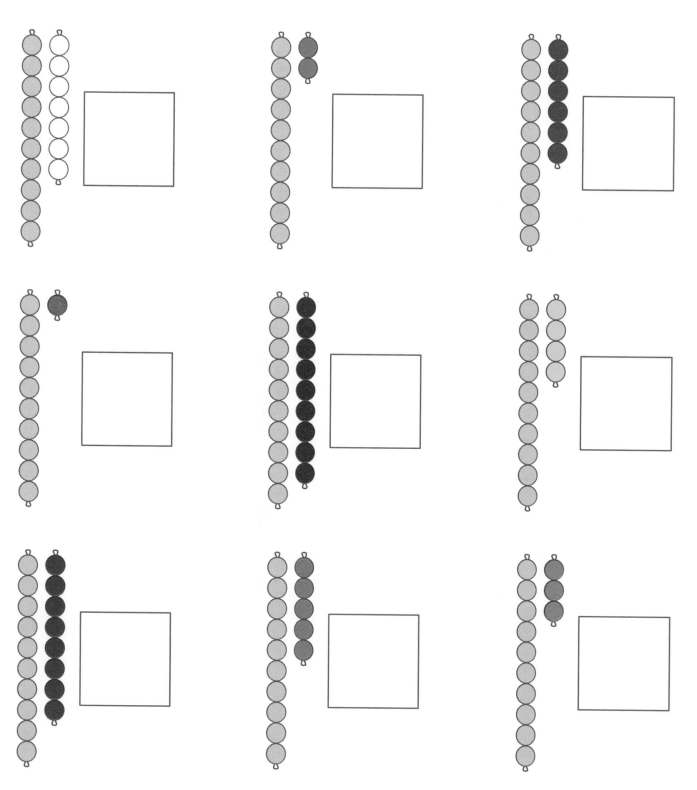

Colorea las barritas de perlas según el código de colores e indica la cantidad en números.

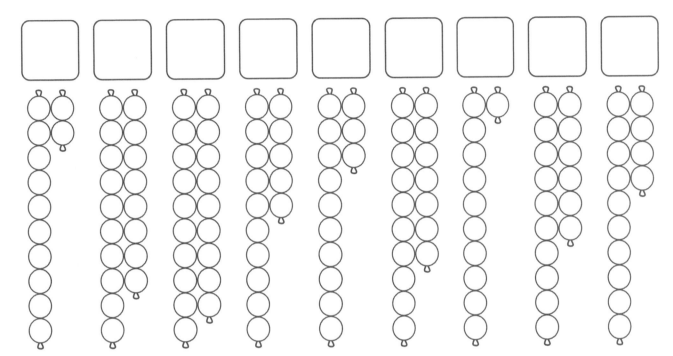

Dibuja las perlas correspondientes a los números indicados.

13	18	14	16	19	12	15	17	11

Barritas de perlas pegadas

Las barritas de perlas se han juntado. Coloréalas según el código de colores e indica la cantidad en números.

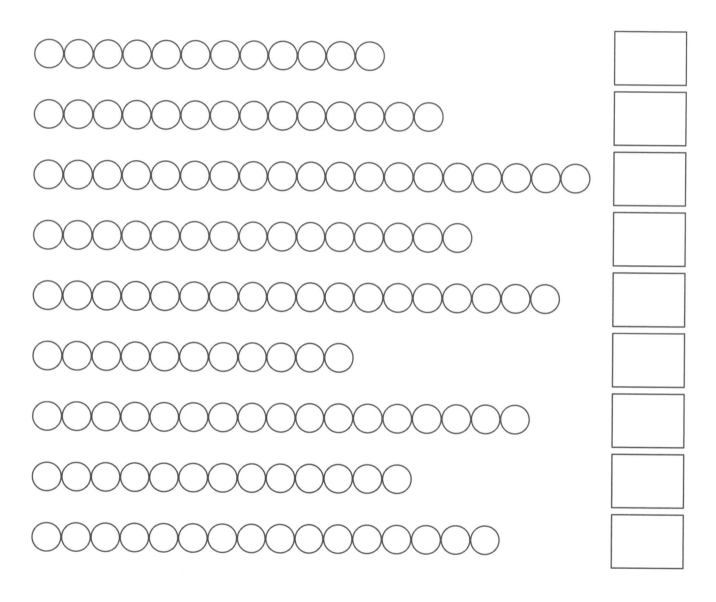

Completa la serie numérica.

9				13						

Relaciona cada grupo de estrellas con el número que le corresponde.

14

13

17

12

15

18

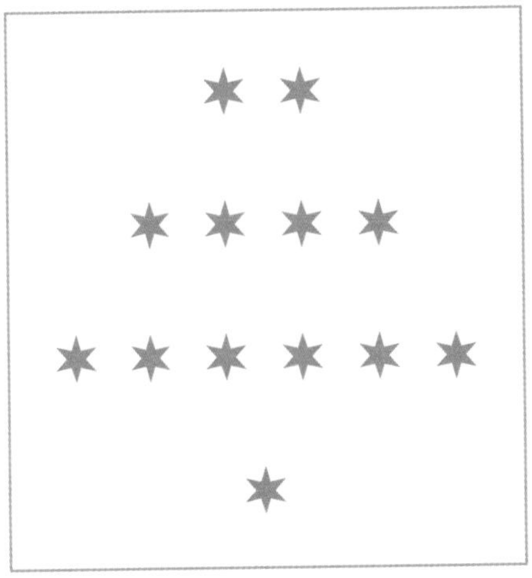

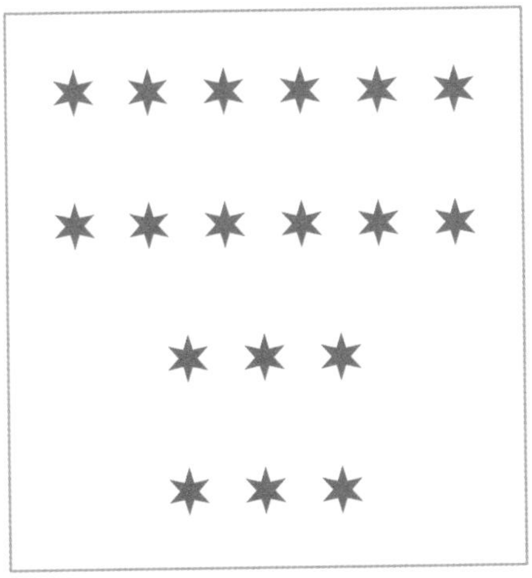

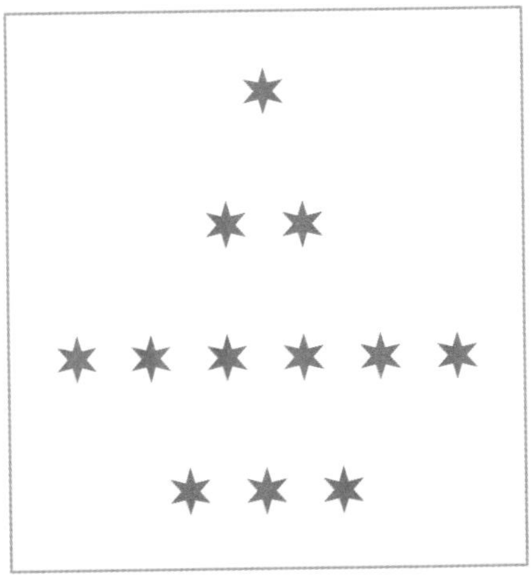

Completo grupos

Completa cada grupo dibujando los triángulos que faltan para obtener el número de triángulos indicado.

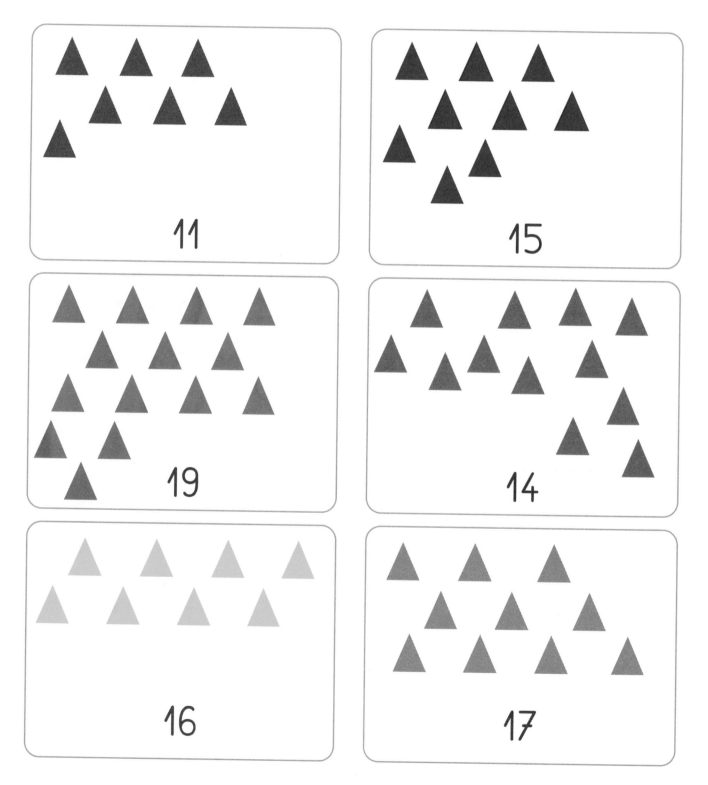

11

15

19

14

16

17

Creo grupos

En cada árbol, dibuja el número de manzanas indicado en el tronco.

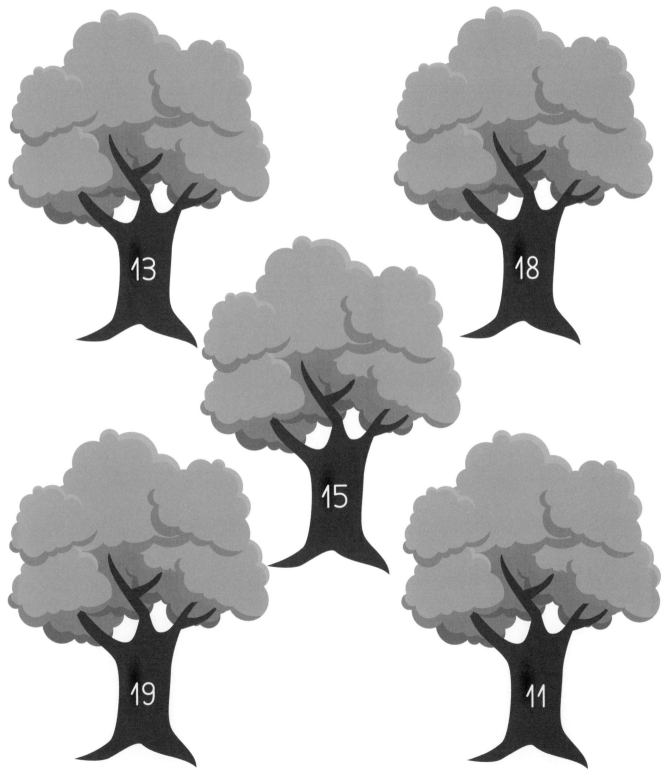

Encuentro dos cantidades iguales

Colorea del mismo modo las cantidades equivalentes.

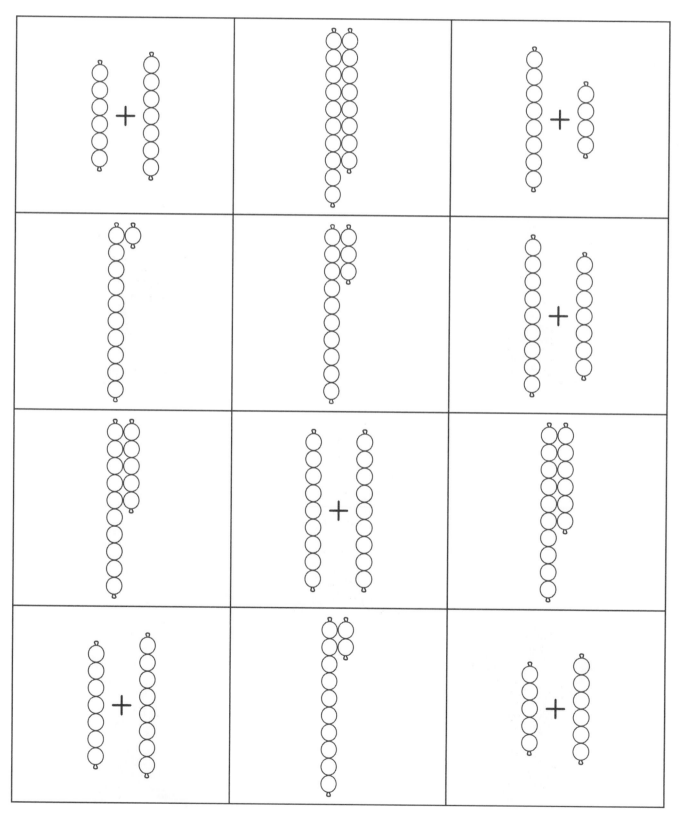

Sumo perlas

Suma las barritas de perlas y colorea el resultado correcto. Puedes utilizar las barritas de perlas si lo deseas.

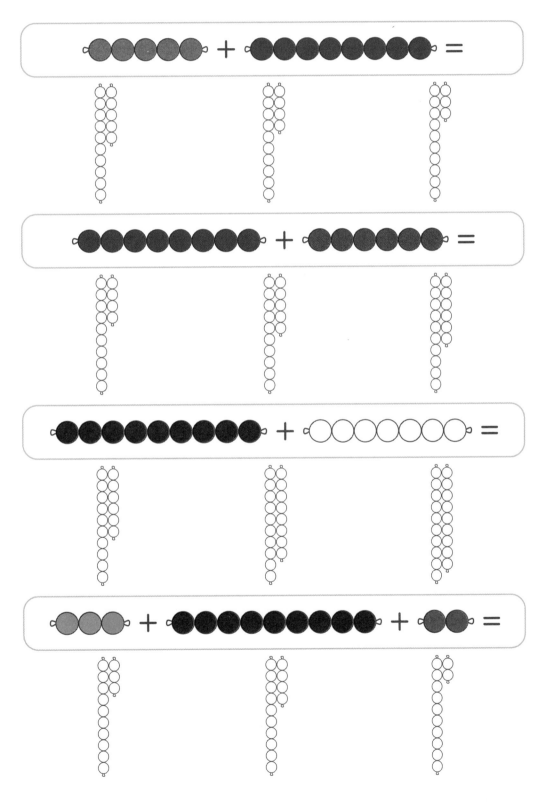

Escribo la cifra de las sumas

Escribe el resultado de las siguientes sumas
en números.

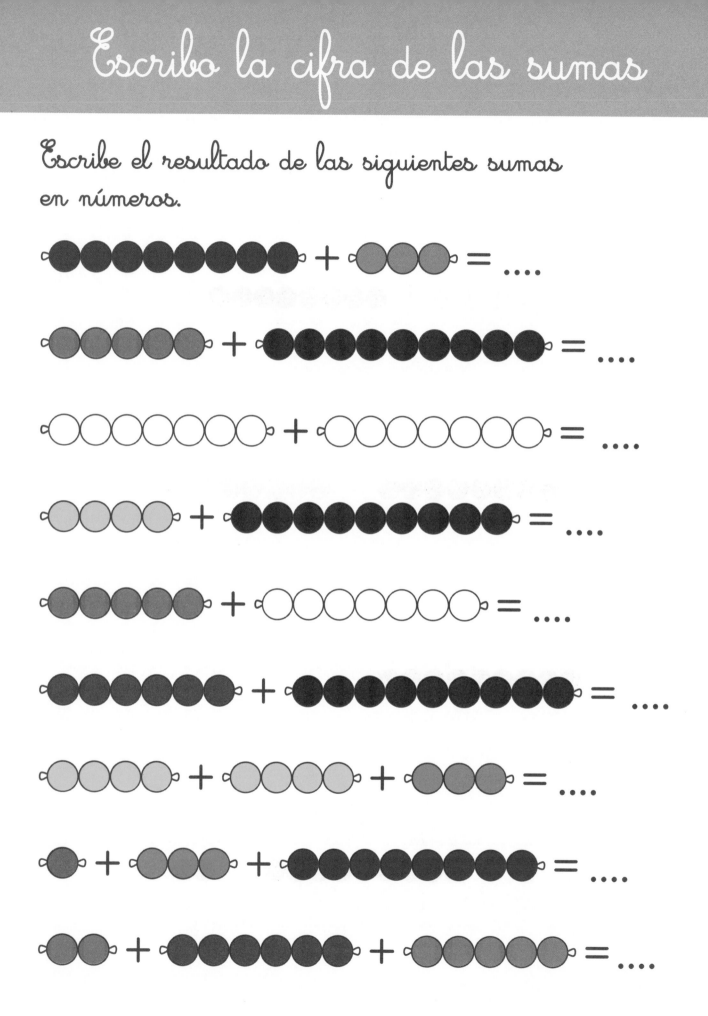

Tabla de sumas con regletas

La tabla de sumas con regletas tiene como objetivo ayudar a tu hijo a memorizar las sumas y comprobar la propiedad conmutativa. Por ejemplo: 8 + 5 es lo mismo que 5 + 8.

Material necesario
Necesitarás las regletas que encontrarás al final del cuaderno para jugar sobre la tabla de la página 116.

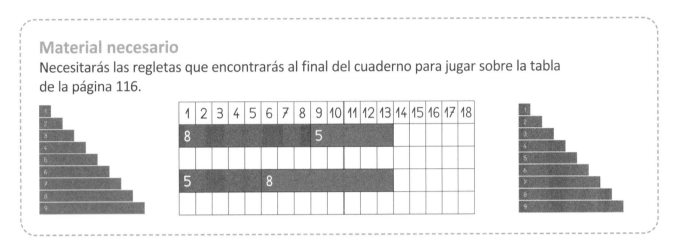

Actividad

- Muestra a tu hijo la tabla de la página 116. Para ello, pídele que lea los números y pase el dedo sobre la línea roja que separa los números del 1 al 10 de los del 11 al 18.
- Juntos, formen dos escaleras, una con las regletas rojas y la otra con las regletas azules, como en el ejemplo de arriba. Avísale que con este material van a realizar sumas.
- Elijan juntos una tabla, la del 5 por ejemplo, y dile: «Vamos a realizar todas las operaciones con el 5».
- Empieza por 5 + 1: toma la regleta azul con el número 5 y colócala sobre la primera línea. Toma, a continuación, la regleta roja con el número 1 y colócala junto a la regleta azul.
- Coloca el dedo en el extremo de la última regleta, en este caso el 1, y sigue hasta el número indicado en la línea superior, en este caso el 6. Pide a tu hijo que lea el resultado.
- Dile: «5 + 1 = 6». Pídele que lo repita y que anote el resultado en la ficha «Tablas de sumar» de la página 117.
- A continuación, retira la regleta 1 y pasa a la 2. Prosigue así hasta la regleta 9.

Cuando hayan terminado esta primera tabla, pueden pasar a las siguientes. La actividad debe durar varios días.

Para ampliar

Pide a tu hijo que elija un número del 1 al 18 y que busque todas las maneras de obtenerlo. Por ejemplo, dile: «14 es 13 + 1, 12 + 2, etc.».

Tabla de sumas con regletas

18								
17								
16								
15								
14								
13								
12								
11								
10								
9								
8								
7								
6								
5								
4								
3								
2								
1								

116

Tablas de sumar

Tabla del 1	Tabla del 2	Tabla del 3
1 + 1 =	2 + 1 =	3 + 1 =
1 + 2 =	2 + 2 =	3 + 2 =
1 + 3 =	2 + 3 =	3 + 3 =
1 + 4 =	2 + 4 =	3 + 4 =
1 + 5 =	2 + 5 =	3 + 5 =
1 + 6 =	2 + 6 =	3 + 6 =
1 + 7 =	2 + 7 =	3 + 7 =
1 + 8 =	2 + 8 =	3 + 8 =
1 + 9 =	2 + 9 =	3 + 9 =

Tabla del 4	Tabla del 5	Tabla del 6
4 + 1 =	5 + 1 =	6 + 1 =
4 + 2 =	5 + 2 =	6 + 2 =
4 + 3 =	5 + 3 =	6 + 3 =
4 + 4 =	5 + 4 =	6 + 4 =
4 + 5 =	5 + 5 =	6 + 5 =
4 + 6 =	5 + 6 =	6 + 6 =
4 + 7 =	5 + 7 =	6 + 7 =
4 + 8 =	5 + 8 =	6 + 8 =
4 + 9 =	5 + 9 =	6 + 9 =

Tabla del 7	Tabla del 8	Tabla del 9
7 + 1 =	8 + 1 =	9 + 1 =
7 + 2 =	8 + 2 =	9 + 2 =
7 + 3 =	8 + 3 =	9 + 3 =
7 + 4 =	8 + 4 =	9 + 4 =
7 + 5 =	8 + 5 =	9 + 5 =
7 + 6 =	8 + 6 =	9 + 6 =
7 + 7 =	8 + 7 =	9 + 7 =
7 + 8 =	8 + 8 =	9 + 8 =
7 + 9 =	8 + 9 =	9 + 9 =

Números del 19 al 99 con la tabla de Seguin 2

Descubro las decenas

Material necesario

Necesitarás la tabla de Seguin 2 y sus cifras, además de las barritas de perlas de 10 doradas.

Lección en tres etapas

1ª etapa

- Toma la tabla de Seguin 2, coloca una barrita de 10 perlas doradas junto al 10 de la tabla de Seguin y di a tu hijo: «El 10 es una decena».
- Coloca ahora dos barritas de 10 junto al 20 y di: «El 20 son dos decenas». Haz lo mismo con tres barritas y el número 30: «El 30 son tres decenas».

2ª etapa

- Di a tu hijo de manera sucesiva: «Muéstrame el 10», «Muéstrame el 20» y «Muéstrame el 30». Formúlale las mismas preguntas, pero esta vez de manera desordenada.
- Retira todas las barritas y pídele que forme el 20, el 10 y el 30 con las barritas de 10 perlas doradas.

3ª etapa

- Coloca de manera correcta las barritas de 10 junto a los números 10, 20 y 30, y pide a tu hijo, mientras señalas con el dedo, por ejemplo, el 30: «¿Qué es?». Haz lo mismo con el 10 y el 20.

Prosigue así con el 40, el 50, el 60, el 70, el 80 y el 90.

Descubro los números del 19 al 99

Actividad

- Coloca una barrita de 10 y una perla a la derecha del 10 de la tabla de Seguin 2. Esconde el 0 colocando encima el número 1 y di «11». Añade una perla y sustituye la tarjeta del número 1 por la del 2 y di: «12». Prosigue así hasta el 19. Como tu hijo ya ha visto estos números antes, debería sentirse cómodo/a con ellos.

- Coloca a continuación dos barritas de 10 a la derecha del 20: «2 decenas es igual a 20». Añade una perla y coloca la tarjeta del 1 sobre el 0 y di: «2 decenas y 1 unidad es igual a 21». Prosigue así, agregando cada vez una unidad y cambiando, después, de decena.

119

Dibuja las barritas de perlas doradas correspondientes a cada decena.

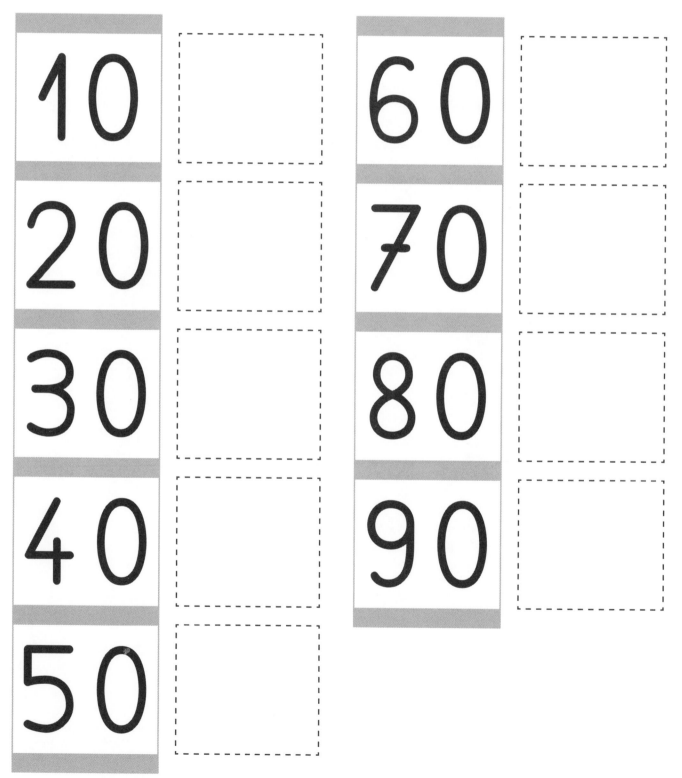

Completa la tabla de Seguin escribiendo las cifras que faltan.

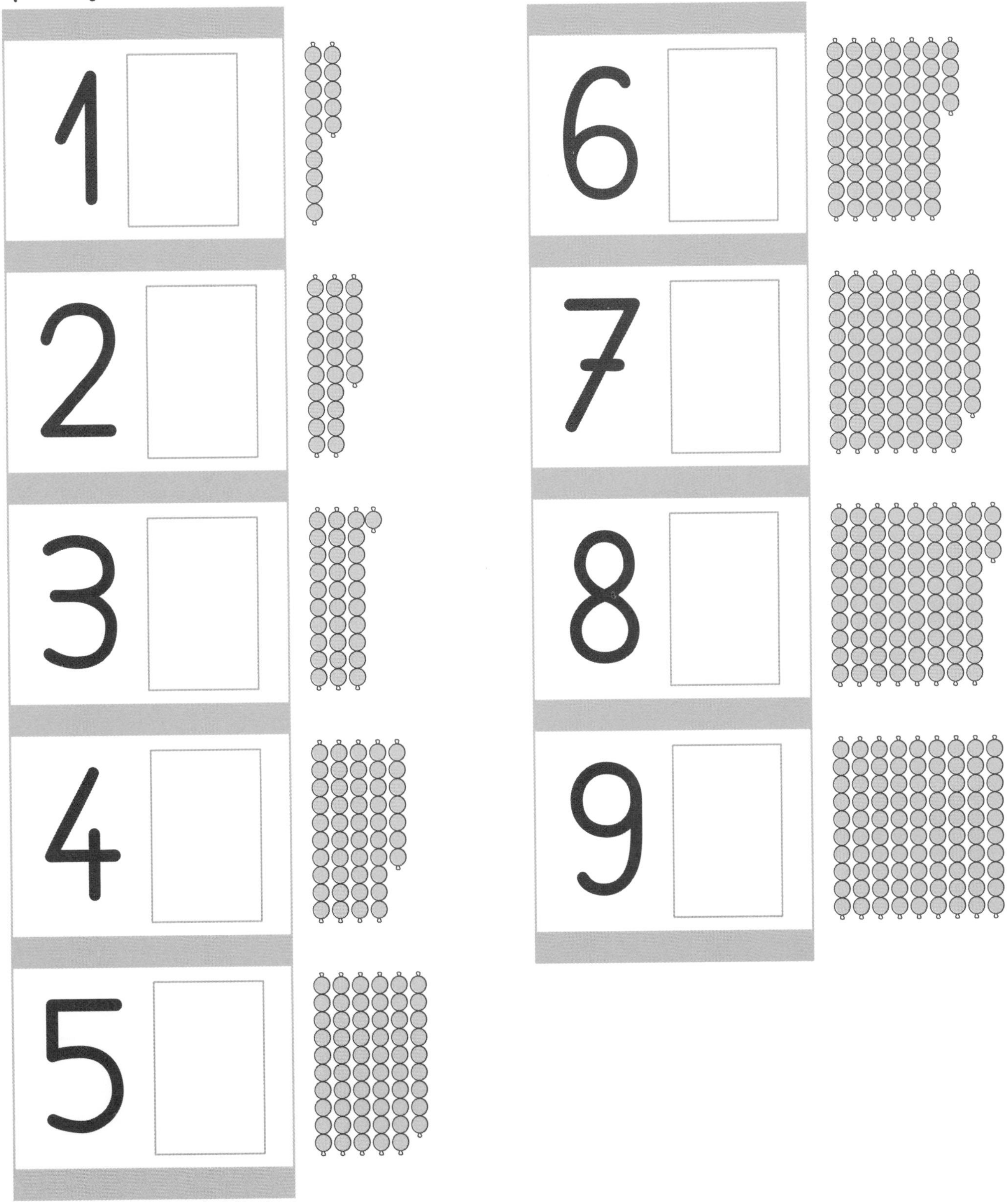

1

2

3

4

5

6

7

8

9

Relaciona cada cantidad de perlas con el número que le corresponde.

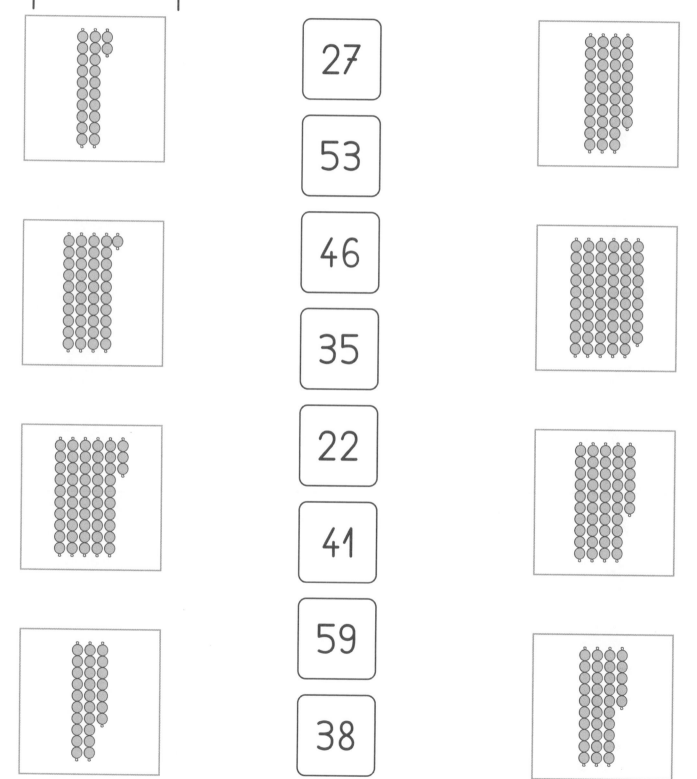

27

53

46

35

22

41

59

38

En cada recuadro, encuentra la cantidad de perlas doradas y escríbela con números.

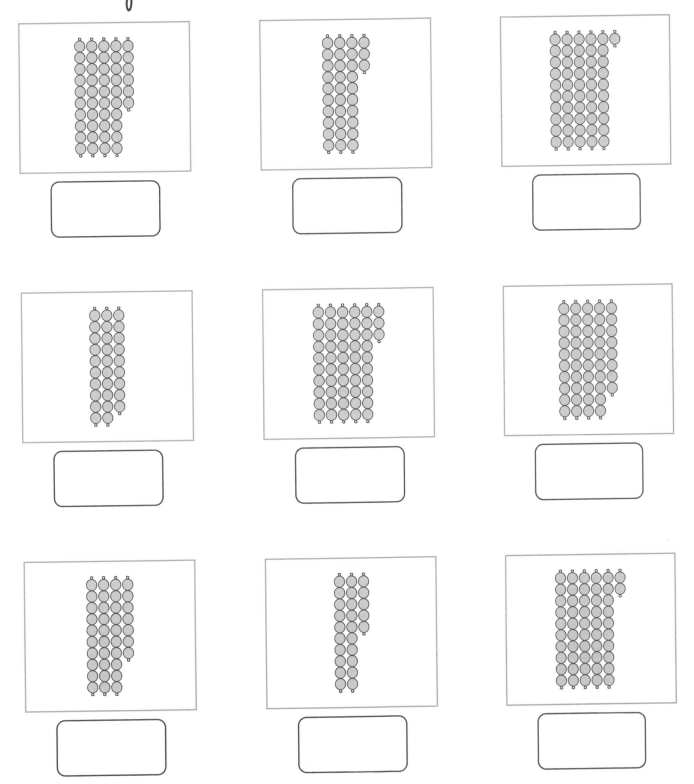

Completa estas series de números.

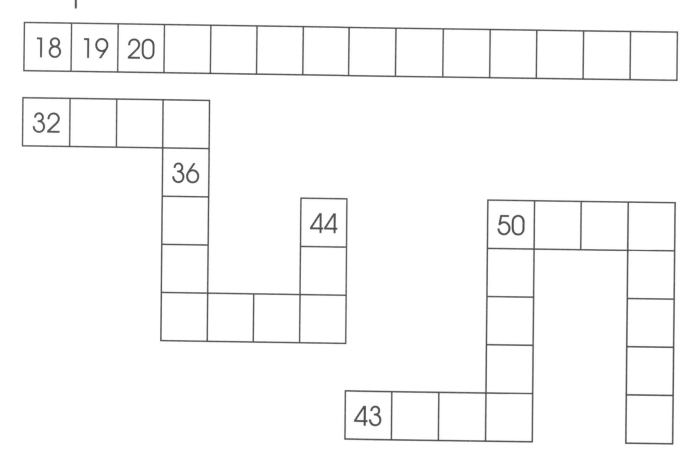

En cada recuadro, rodea el número menor.

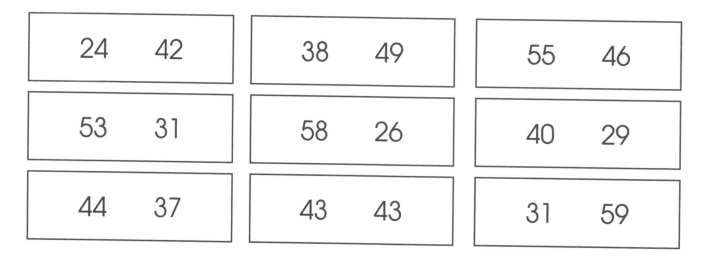

24 42	38 49	55 46
53 31	58 26	40 29
44 37	43 43	31 59

De menor a mayor

En cada serie, clasifica los números de menor a mayor.

$$27 - 36 - 23 - 55 - 41 - 28$$

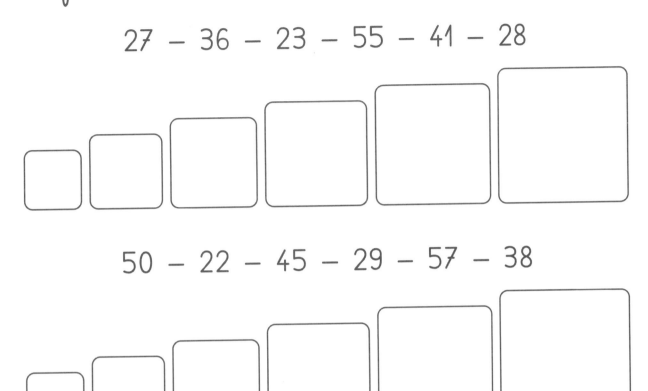

$$50 - 22 - 45 - 29 - 57 - 38$$

Completa estas sumas.

30 + 6 = ...	20 + ... = 23
50 + 3 = ...	40 + ... = 47
20 + 8 = ...	30 + ... = 34
40 + 1 = ...	50 + ... = 56
50 + 1 = ...	30 + ... = 39

Relaciona cada cantidad de perlas con el número que le corresponde.

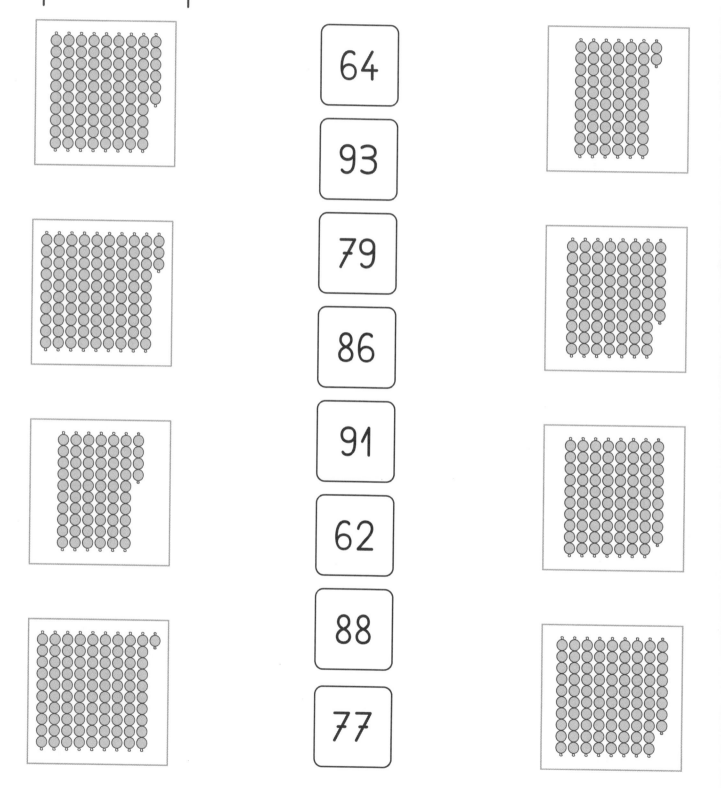

64

93

79

86

91

62

88

77

En cada serie, cuenta las perlas y rodea la cantidad correcta.

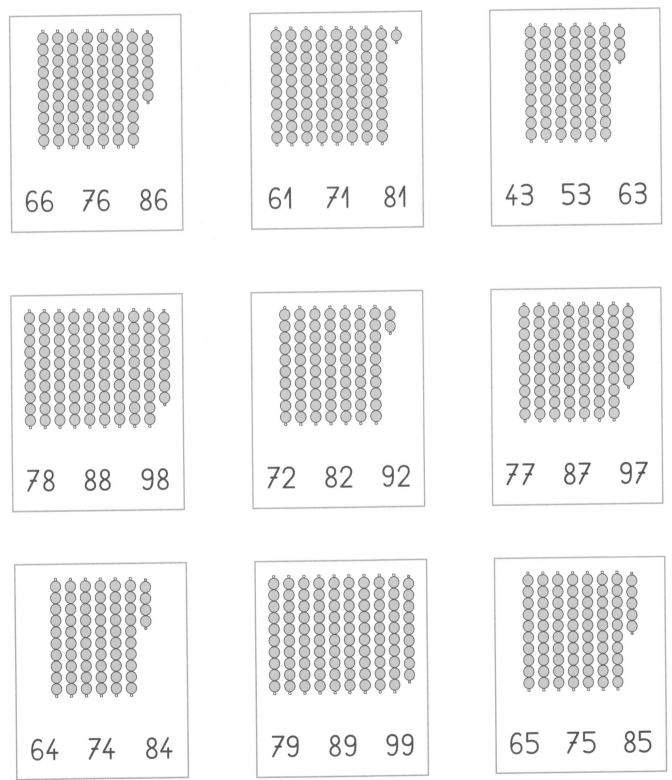

66   76   86

61   71   81

43   53   63

78   88   98

72   82   92

77   87   97

64   74   84

79   89   99

65   75   85

En cada serie, escribe el número anterior y el posterior del número indicado.

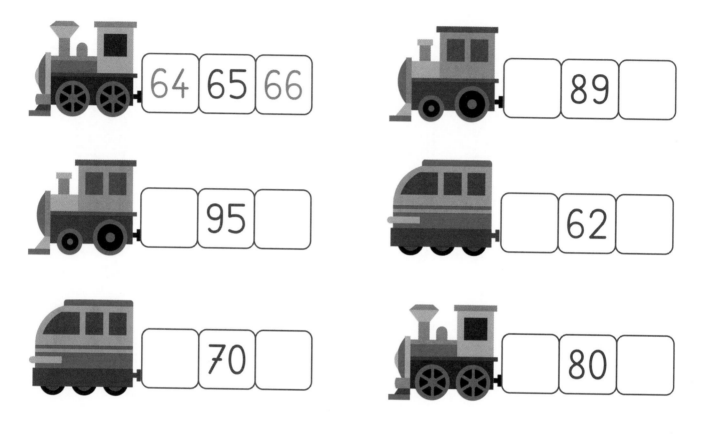

| 64 | 65 | 66 |

| | 89 | |

| | 95 | |

| | 62 | |

| | 70 | |

| | 80 | |

Relaciona cada globo con el lugar que ocupa en la tabla numérica.

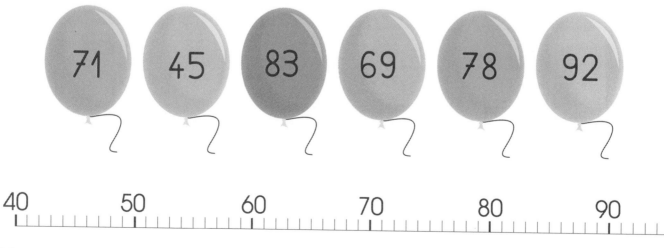

71   45   83   69   78   92

40   50   60   70   80   90

Une estos números de mayor a menor.

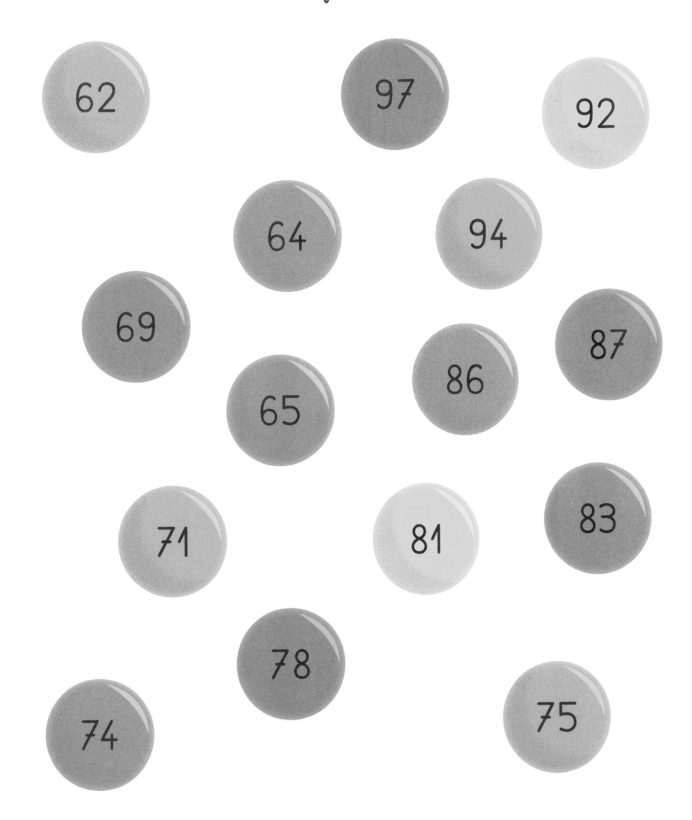

Sumo números

Colorea del mismo modo las cantidades idénticas.

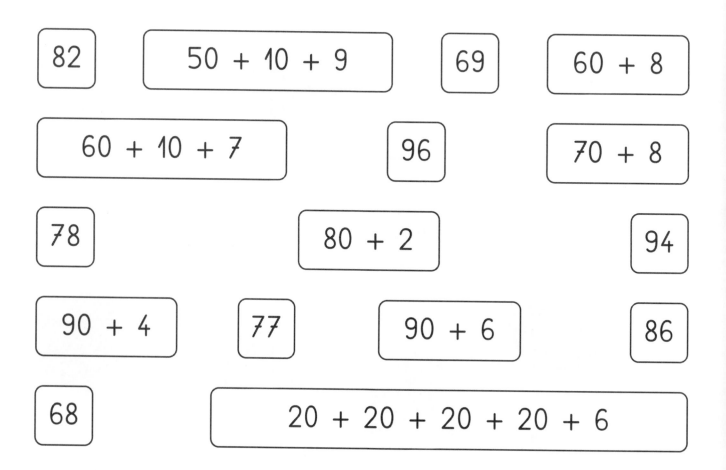

| 82 | 50 + 10 + 9 | 69 | 60 + 8 |

60 + 10 + 7   96   70 + 8

78   80 + 2   94

90 + 4   77   90 + 6   86

68   20 + 20 + 20 + 20 + 6

Completa estas sumas.

20 + 3 = ...

40 + ... = 47

30 + ... = 34

50 + ... = 56

30 + ... = 39

22 = 20 + 2

45 = ...

53 = ...

38 = ...

58 = ...

Parejas página 8

Colores primarios página 10

Colores complementarios páginas 14-15

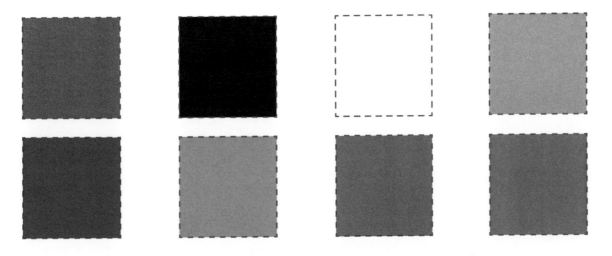

RECORTABLES

Frutas enteras, frutas cortadas página 25

Degradación de verdes página 34

Formo familias página 42

Tabla de flechas página 47

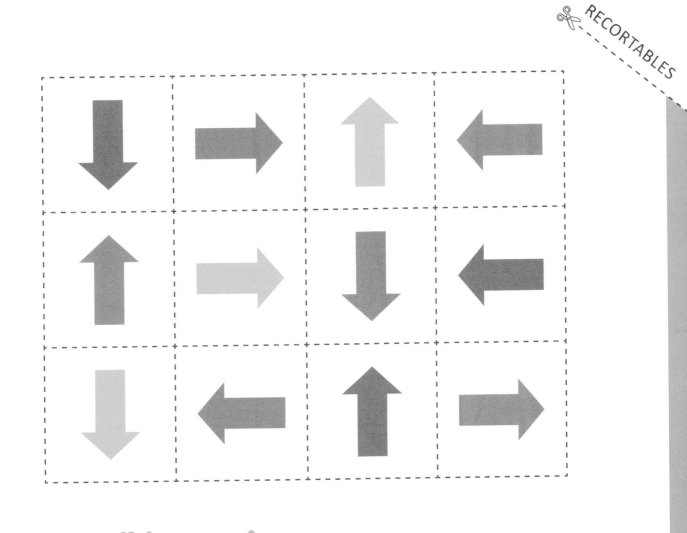

Sol de colores páginas 50-51

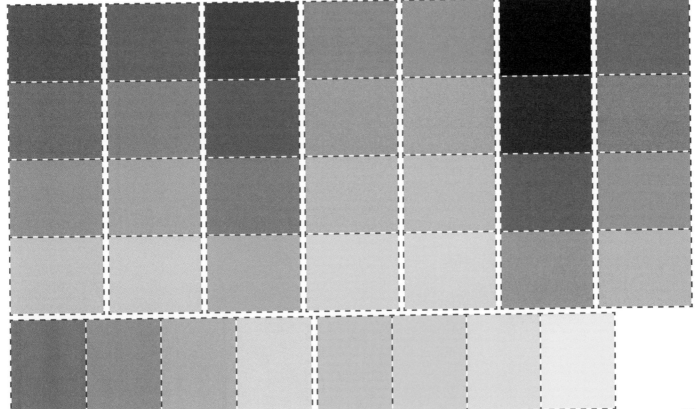

Ordeno las barras numéricas página 57

Asocio una serie a una cifra página 81

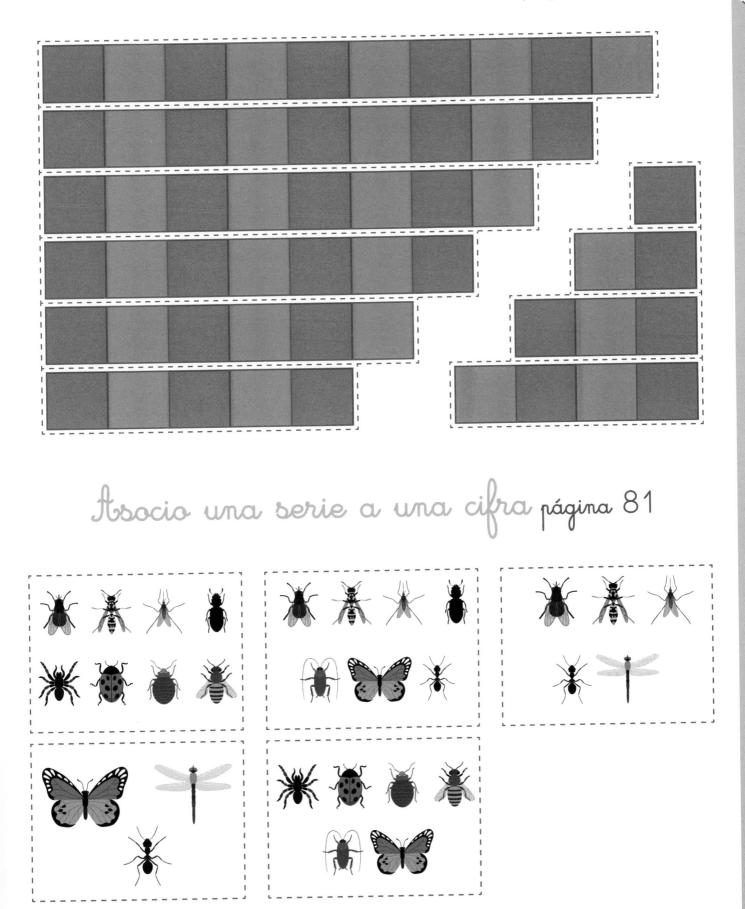

Asocio una barrita a una cifra página 89

Sé hacer el 10 página 97

Encuentro las perlas página 104

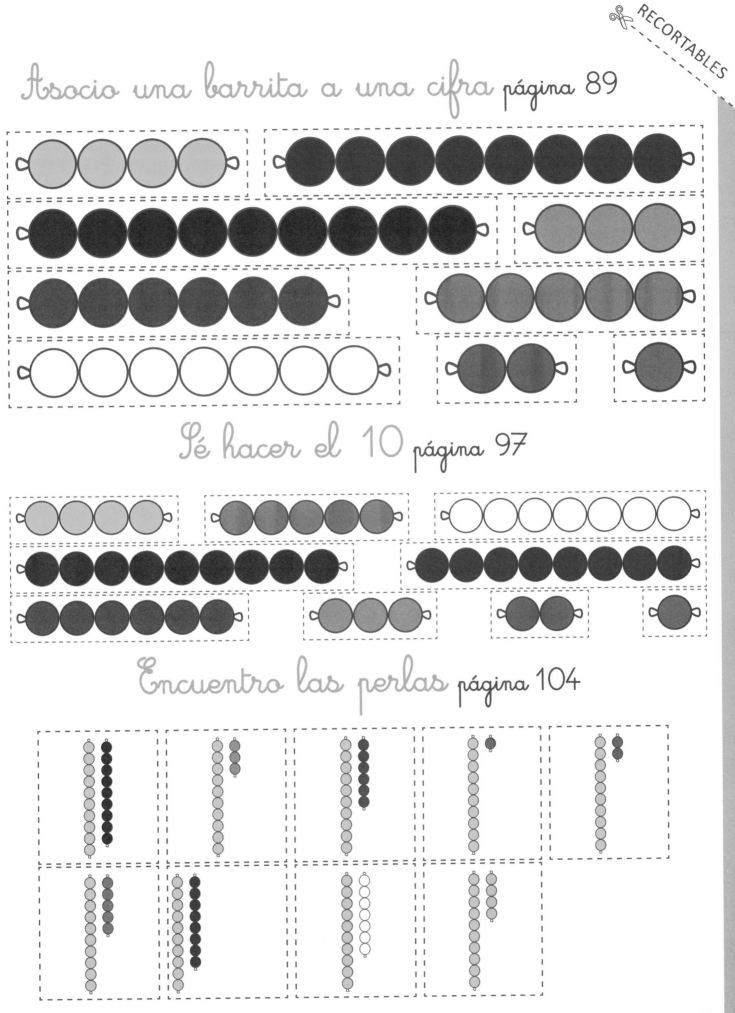

Este libro se terminó de imprimir en el mes de marzo del 2022,
en Corporativo Prográfico, S.A. de C.V., Calle Dos Núm. 257, Bodega 4,
Col. Granjas San Antonio, C.P. 09070, Alcaldía Iztapalapa, México, Ciudad de México.

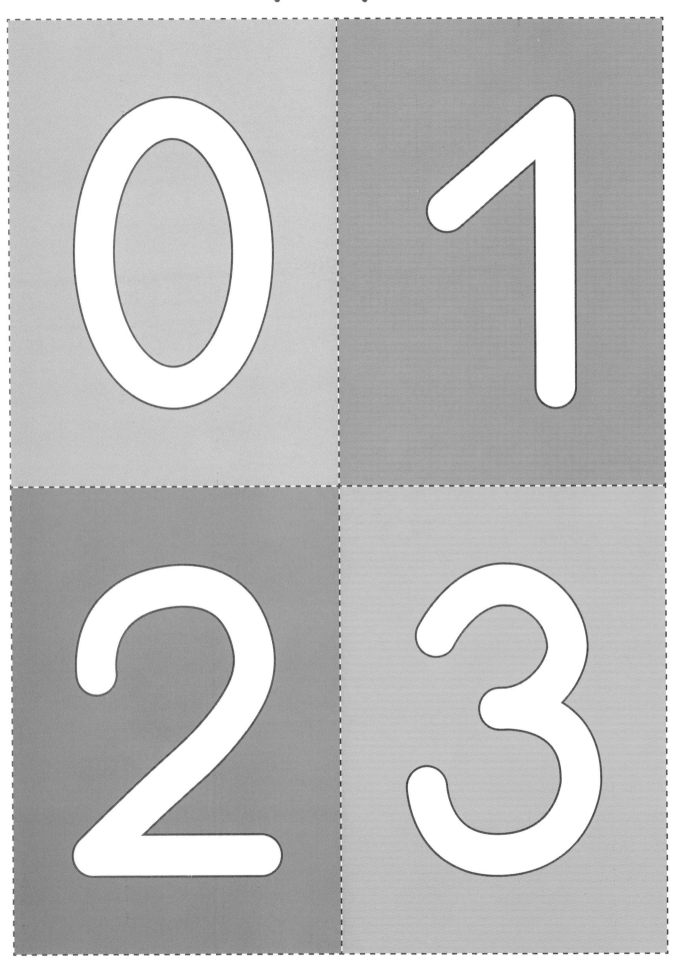

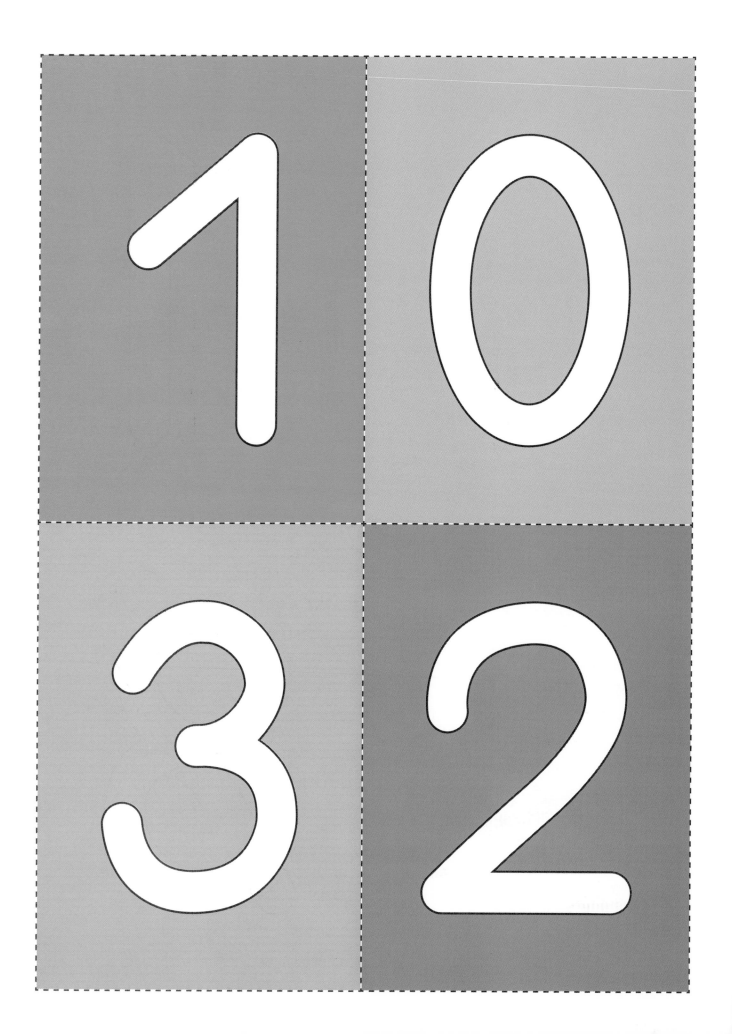

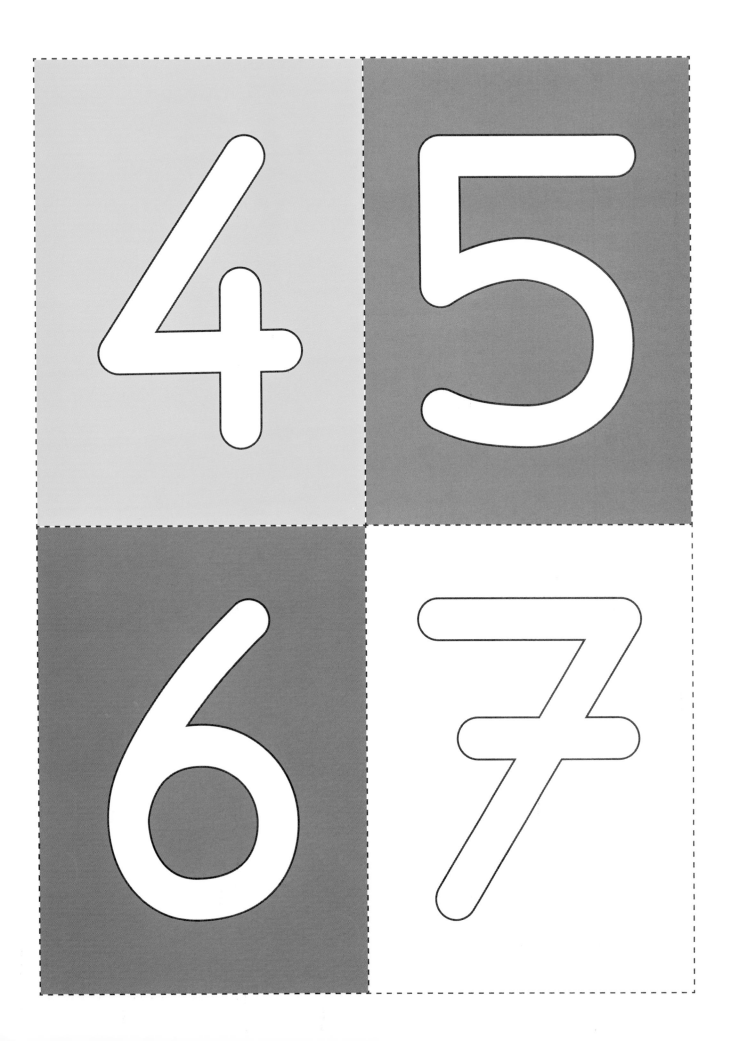

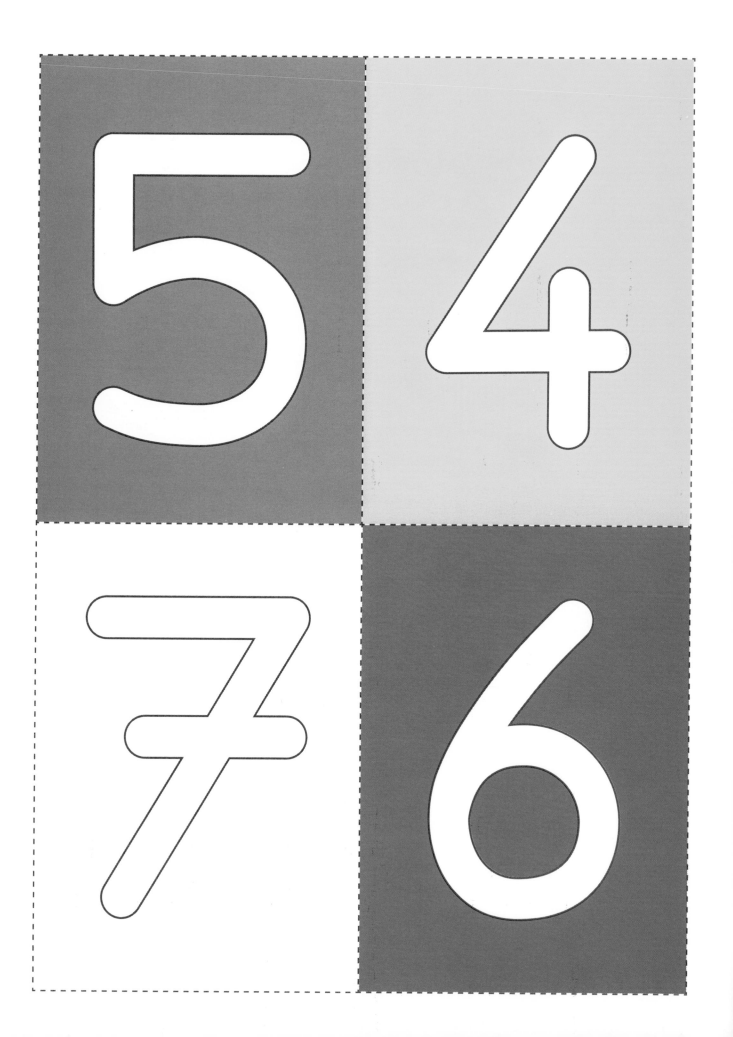

Formas geométricas

Cuadrados rosa

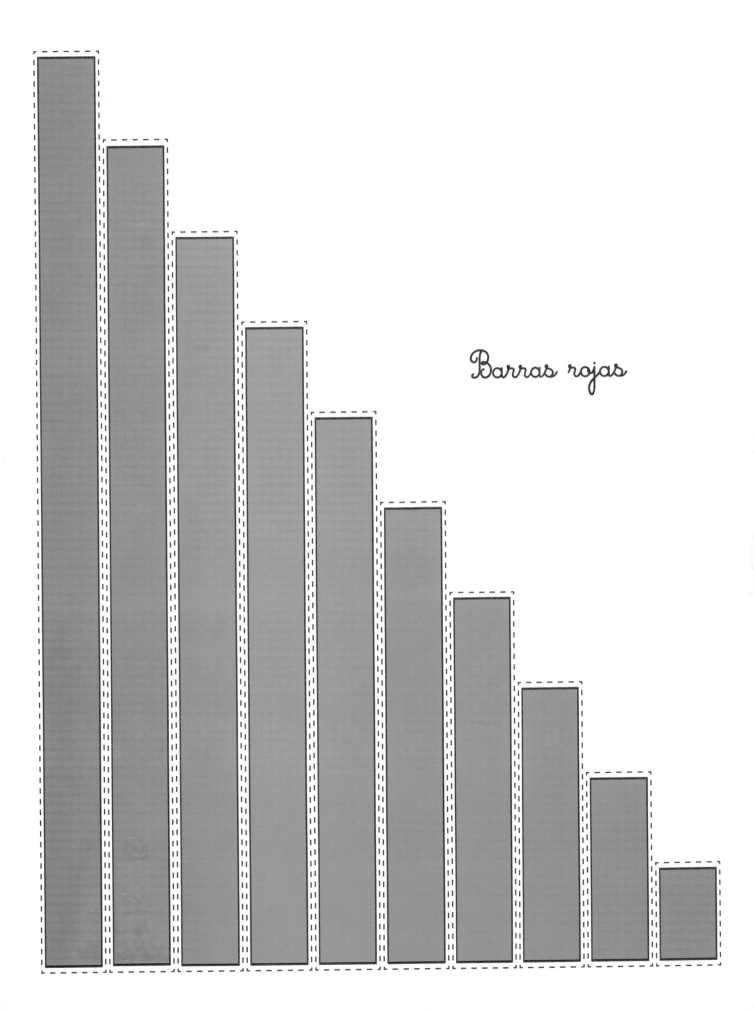

Barras rojas

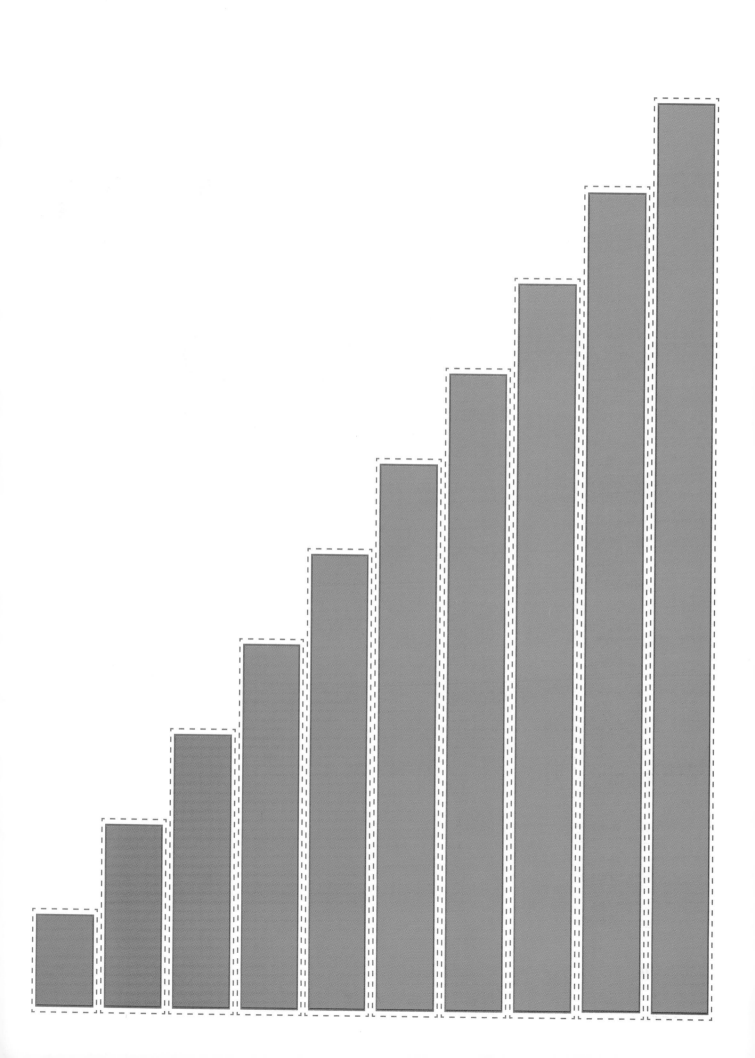

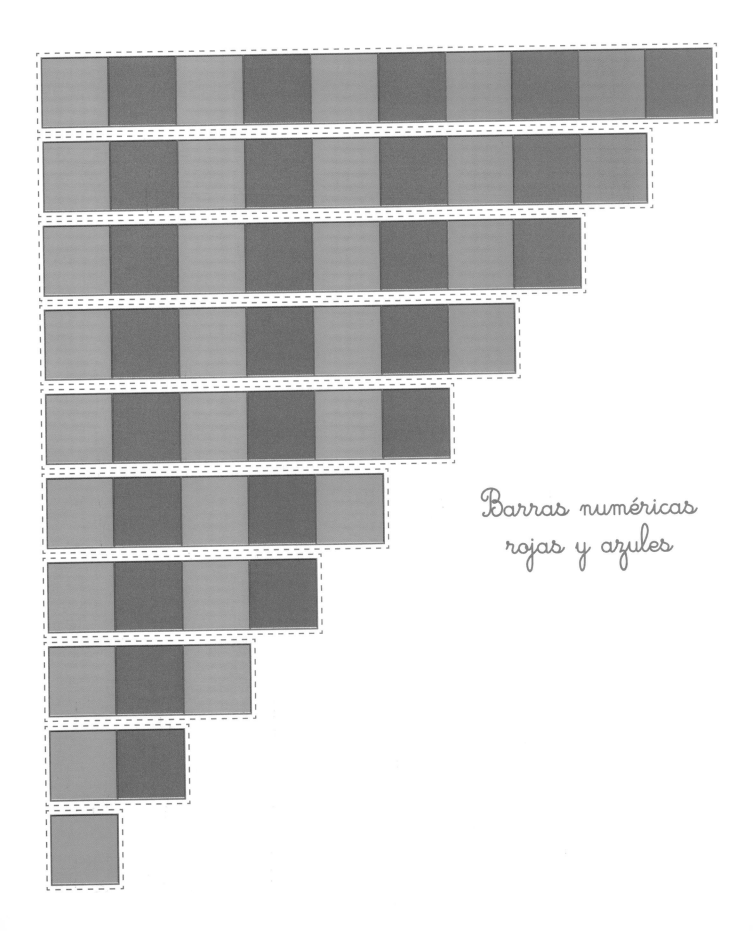

Barras numéricas
rojas y azules

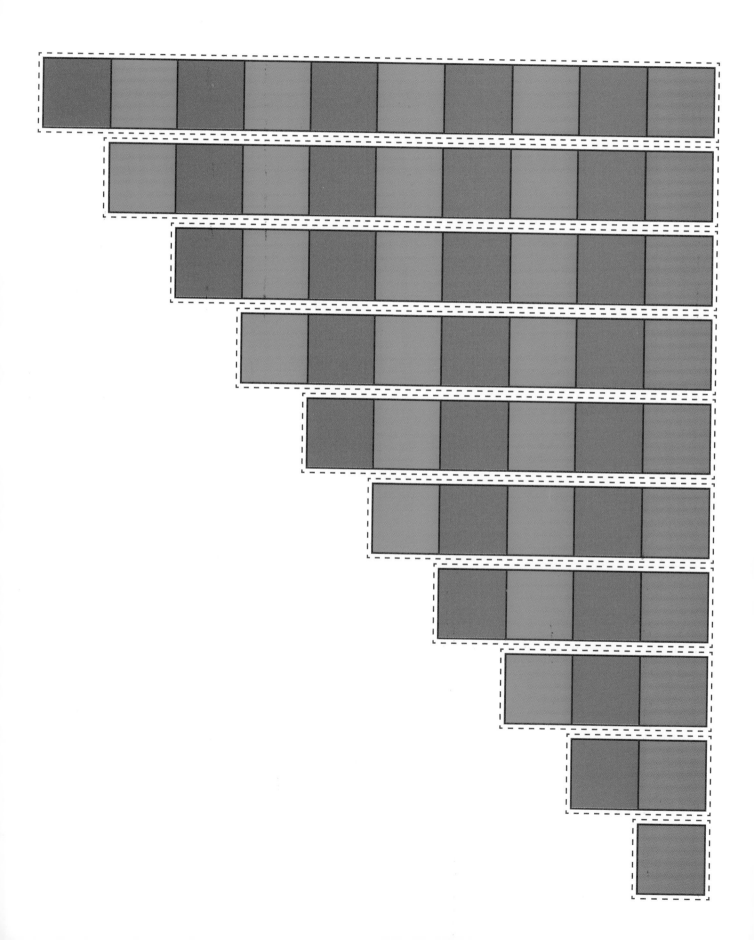

Husos

Perlas doradas

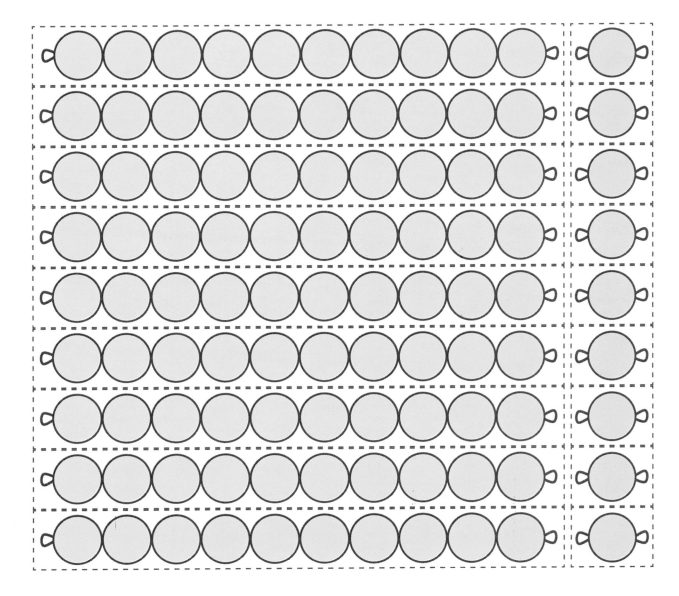

Perlas de colores

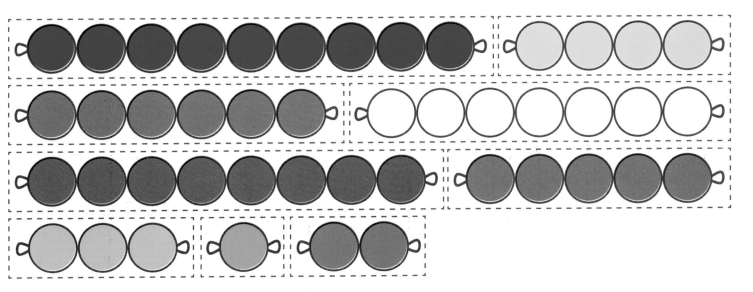

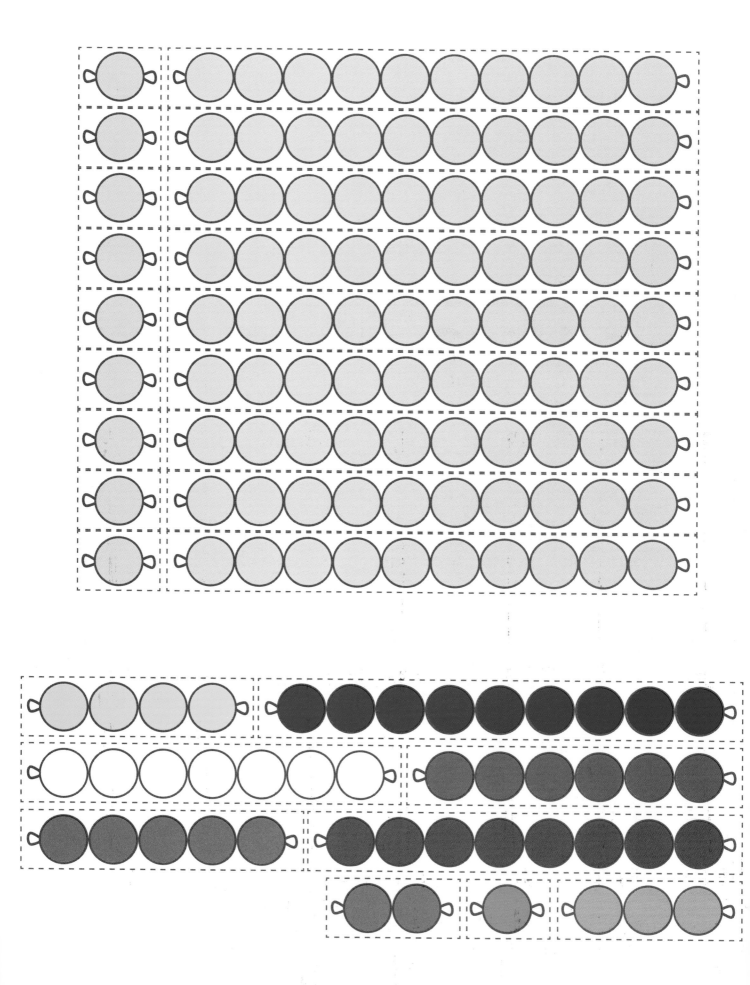

1 0	1 0	1 0	6 0
1 0	1 0	2 0	7 0
1 0	1 0	3 0	8 0
1 0	1 0	4 0	9 0
1 0		5 0	

Cifras
para las tablas
de Seguin

Piezas del tangram

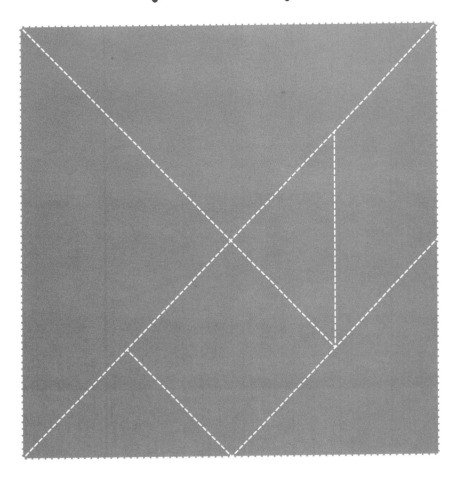

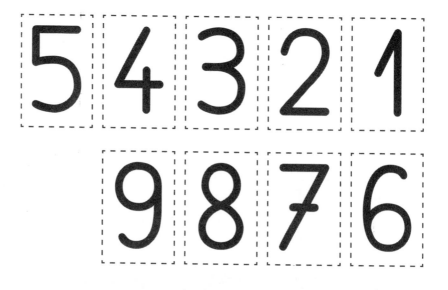

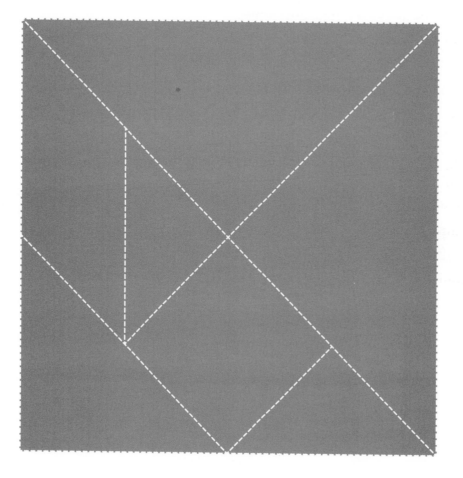